शांति का समर

शांति का समर

कृष्ण कुमार

अनुवादक

लतिका गुप्ता

राजकमल प्रकाशन

नयी दिल्ली पटना इलाहाबाद

मूल अंग्रेजी पुस्तक 'Battle for Peace'
पेंग्विन बुक्स, इण्डिया से प्रकाशित।

मूल्य : रु. 95.00

पहला संस्करण : 2008

प्रकाशक : राजकमल प्रकाशन प्रा. लि.
1-बी, नेताजी सुभाष मार्ग
नई दिल्ली-110 002

शाखाएँ : अशोक राजपथ, साइंस कॉलेज के सामने, पटना-800 006
पहली मंजिल, दरबारी बिल्डिंग, महात्मा गांधी मार्ग, इलाहाबाद-211 001

वेबसाइट : www.rajkamalprakashan.com
ई-मेल : info@rajkamalprakashan.com

मुद्रक : बी.के. ऑफसेट
नवीन शाहदरा, दिल्ली-110 032

SHANTI KA SAMAR
by Krishan Kumar
Translated by Latika Gupta

ISBN : 978-81-267-1570-1

काजल के लिए

भूमिका

आज़ादी को साठ साल हो गये पर विभाजन की पीड़ा मिटी नहीं है। वह दक्षिण एशिया के लोकमानस और राजनैतिक जीवन में इस तरह फैल गई है कि अलग से महसूस नहीं होती, लेकिन रह-रहकर नये रूपों में व्यक्त होती रहती है। सरकारों की निर्णय-शुद्धि और समाज की चेतना पर यह पुरानी पीड़ा एक खास तरह की अकड़न जैसा असर बनाए रखती है। इस अकड़न का असर इतना व्यापक है कि वह हमें मौसम जितनी स्वाभाविक लगने लगी है। यह असर समाज के भीतर भी उतना ही गहरा है जितना भारत और पाकिस्तान के परस्पर संबंधों में है। दोनों देशों के लोकमन के आकाश में आशंका, संदेह व घृणा के बीज लगातार तैरते रहते हैं; जैसे ही परिस्थितियाँ बनती हैं, ये बीज युद्ध के प्रचार में बदल जाते हैं। परिस्थितियाँ कभी रोज़ाना के घटना-चक्र से बन जाती हैं, कई बार उन महाशक्तिवान सुदूर देशों द्वारा बनाई जाती हैं जो हथियारों के सौदागर हैं। वे शांति के सौदागर भी हैं, इसलिए दक्षिण एशिया के देश उनसे शिक्षा और नागरिकता की वह सीख बदस्तूर लिये चले जा रहे हैं जो औपनिवेशिक युग में आरंभ हुई थी। ज़ाहिर है, हिन्द स्वराज आज भी एक कल्पना ही है।

इस पर्यावरण में जीने के लिए शांति का समर उस तरह नहीं लड़ा जा सकता जिस तरह हथियारों वाला युद्ध लड़ा जाता है। शांति हमसे चैन और संवाद के लिए जगह की मांग करती है, और ऐसी जगह निकल आने पर बारीक व निडर सोच-विचार के लिए समय भी चाहती है।

इस पुस्तक का मूल प्रकाशन अंग्रेजी में होने के अगले दिन से ही मैं इस बात को लेकर चिंतित था कि इसका हिन्दी में प्रकाशन इतना समय न ले जितना इस विषय पर मेरी पिछली पुस्तक *'प्रेजुडिस एंड प्राइड'* ने

'मेरा देश, तुम्हारा देश' के रूप में आने में लिया था। मेरी वरिष्ठ छात्रा *लतिका गुप्ता* ने पूरे जतन के अलावा लगन और आत्मविश्वास के सहारे इस पुस्तक का संपूर्ण अनुवाद चन्द महीनों में स्वयं पूरा करके मुझे चौंका दिया है। 'शांति के समर' के विचार से आकर्षित होकर उसने इस समर की भंगिमाओं को अपनी मातृभाषा में उतारने का जैसा अथक और साहसी प्रयास किया है, उसके लिए मैं कृतज्ञता ही व्यक्त कर सकता हूँ।

मैं *अर्चना गुप्ता* और *सविता राणा* का भी आभारी हूँ जिन्होंने अपने निजी परिश्रम से इस पुस्तक की पांडुलिपि तैयार करने में तकनीकी और संपादकीय मदद की। मूल अंग्रेजी संस्करण की वैचारिक पृष्ठभूमि की रचना में *इफ़्फ़त फ़ातिमा* और *मिनी कृष्णन* की अन्तर्दृष्टि का लाभ मिला। मैं भाई *अशोक महेश्वरी* का भी आभारी हूँ जिन्होंने अत्यंत कम समय में इस पुस्तक का प्रकाशन संभव बनाया।

—कृष्ण कुमार
15 मार्च, 2008

परिचय

जो भी थोड़ी बहुत भारत-पाक बातचीत हुई है, समानता-भिन्नता उसकी जानी-पहचानी धुरी रही है। हम भारतीय लोग, शांति का आधार ढूँढ़ने के लिए दोनों देशों में समानताओं की बात करने लगते हैं। हमारी सोच हमें इतनी सीधी और साफ लगती है कि समझ नहीं आता कोई कैसे इससे बुरा मान सकता है। हम अपने दावे के बहुत सारे सबूत भाषा, संगीत, खान-पान, आम आदतों इत्यादि में पाते हैं। हम पूछते हैं कि क्या भारत और पाकिस्तान संस्कृति के इन पहलुओं में एक जैसे या एक दूसरे के करीब नहीं हैं? हम इस वृहत समझ का प्रस्ताव शांति के आधार की तरह रखते हैं। इस बात की संभावना कि कुछ पाकिस्तानियों को हमारा यह आग्रह बुरा लग सकता है कि शांतिपूर्ण सह-अस्तित्व के लिए समानता एक मजबूत आधार है, हमें बड़ी बेतुकी लगती है। इसलिए हम उन चुनिन्दा पाकिस्तानियों से दोस्ती कर लेते हैं जो हमारे समानता वाले तर्क से सहमति रखते हैं। लेकिन, जैसे-जैसे बातचीत आगे बढ़ती है ये चुने हुए लोग भी बहुत घबराहट, परेशानी और संदेह महसूस करते हैं। यह असुविधा विभाजन-पूर्व के दिनों की याद दिलाती है जब उसके खिलाफ सोचने वाले भारतीय नेता विभाजन के समर्थकों से यह विनती कर रहे थे कि वे इस बात पर जोर देना छोड़ दें कि हम दो राष्ट्र थे।

इन विनतियों के बावजूद विभाजन तो हुआ ही। विभाजन के बाद के इन दशकों में पाकिस्तान ने अपने आप को एक ऐसे आधुनिक राष्ट्र के रूप में स्थापित करने का प्रयास किया है जो भारत से भिन्न होने का दावा कर सकता है। इस प्रयास ने 1971 के युद्ध के बाद एक आवेग और प्रबलता हासिल की जब पाकिस्तान ने अपने भौगोलिक और सांस्कृतिक निकाय का एक महत्त्वपूर्ण हिस्सा खोया। युवा पाकिस्तानी

जिनका समाजीकरण 1970 और उसके बाद हुआ, आश्चर्य करते हैं कि उनके भारत से अलग दिखने की कोशिशों पर भारतीय लोग ध्यान क्यों नहीं देते? भारत इस कोशिश को पहचाने और उसकी इज़्ज़त करे, यह उम्मीद पाकिस्तान की मजबूत और स्थिर राष्ट्रीय अस्मिता की खोज का एक पहलू है। यह उस पुराने भावनात्मक दबाव का भी विस्तार है जो पाकिस्तान की आधुनिकता की खोज को बरकरार रखता है। पश्चिमी आधुनिकता के साथ जो समझौते इस्लाम व्यवस्थित धर्म के रूप में कर रहा है उसके व्यापक तनाव में भी इस दबाव की गूंज सुनाई देती है। लेकिन भारतीयों से पूछा गया यह पाकिस्तानी सवाल–तुम क्यों नहीं हमें भिन्न और बराबर इज़्ज़त के लायक मानते?–ज्यादातर अव्यक्त ही रह जाता है। अगर यह व्यक्त होता भी तो भारत इसकी उपेक्षा करता और तब अभिव्यक्ति की गलती करने वाले पाकिस्तानियों को और बुरा लगता और गुस्सा आता।

हमको इस तरह की काल्पनिक बातचीत भिन्न और हल्के-फुल्के रूपों में मिलती है, पर वह दोनों तरफ के भागीदारों की पृष्ठभूमि और श्रेणी में निहित होती है। सीमा के दोनों तरफ के पंजाबी प्रथागत जोरदार तरीके से गले मिलते हैं, शब्दों की जगह सांझी संस्कृति से निकले परिचित हाव-भावों का इस्तेमाल करते हैं और ऐसा करते हुए गले मिलने के निहितार्थों को तो जैसे भुला ही देते हैं। हिन्दी-उर्दू जहाँ बोली जाती है वहाँ के मध्यमवर्गीय मेहमान, पाकिस्तान जाकर यह आश्चर्य करते हैं कि प्रभावशाली पंजाबियों को कितना समय लगेगा उसकी जटिलता समझने में जो 1940 के मध्य में और उसके बाद से हुआ। नौकरीशुदा पाकिस्तानी ऐसा आभास देते हैं जैसे पैसा और भारतीय सिनेमा पाकिस्तान से ज्यादा महत्त्व रखते हैं, लेकिन उनकी बातों का यह अर्थ होता नहीं है। हरेक बार जब मेरी पाकिस्तान के स्कूली बच्चों से बात हुई, मुझे समझ में आया कि वे भविष्य के सच्चे प्रतिनिधि हैं। उनकी बातों से ज़ाहिर होता है कि उनका राष्ट्र एक राष्ट्र बन गया है। हालाँकि यह कठिन है, पर हमें यह मानना होगा कि पाकिस्तान भले ही पहले हमारे जैसा था, पर अब हमसे अलग है।

यह किताब इस मत के कारणों और उन चुनौतियों के बारे में है जो

यह हमारे शांति के प्रयासों के सामने रखता है। मैंने कुछ तर्क इतिहास में से निकाले हैं और कुछ दोनों देशों में सक्रिय आंतरिक प्रक्रियाओं में से। उम्मीद है कि पाठक को पड़ोसी के साथ शांति पाने की दिशा में उठे पहले कदम के बतौर अपने भीतर शांति पाने में इस विश्लेषण से मदद मिलेगी, जिसके बारे में हमारी भावनाएं विरक्तता से लेकर घृणा तक जाती हैं। यह विचार नया नहीं है कि बाहरी शांति के लिए अंदरूनी शांति जरूरी है, लेकिन इसका भारत-पाक बातचीत के संदर्भ में एक अज्ञात पहलू भी है क्योंकि दोनों में से किसी भी देश को अपने ऊपर चिंतन करने के कारण या मौके नहीं मिले हैं। हालाँकि विभाजन की उत्पत्ति राजनीतिक थी पर वह हुआ धर्म के आधार पर, यह तथ्य शांति के लिए एक संवेदनशील आध्यात्मिक चुनौती पेश करता है। धर्म, अस्मिता पर एक मजबूत पकड़ रखता है और भले ऐसा नहीं है कि हिन्दूपना भारत की आधुनिक अस्मिता को परिभाषित करने का एकमात्र लक्षण हो लेकिन पाकिस्तान के विचार और उसकी मौजूदगी पर हमारी आम प्रतिक्रिया का यह एक महत्त्वपूर्ण पहलू है। जहाँ तक पाकिस्तान का सवाल है, उसके मुसलमानपने की व्याख्या की कोई जरूरत नहीं है; हालाँकि यह अब एक स्थापित तथ्य है कि पाकिस्तान की अस्मिता की खोज के लिए इस्लाम पर्याप्त सिद्ध नहीं हुआ। दोनों देशों में धर्म को जैसी एक अलग प्रकार की अहमियत दी जाती है, उससे लगता है कि शांति के लिए हमें दूसरे के बारे में अपने ज्ञान और अपनी धारणाओं को बदलना होगा। अगर अपने अंतस् पर ध्यान दें तो हम पाकिस्तानी मुसलमानों को नफरत किए बिना भी हिंदू बनकर रह सकते हैं चाहे वे ऐसे देश में क्यों न रहते हों जिसकी स्थापना अत्यधिक हिंसा के साथ हुई थी; और उसी तरह बिना हिंदुओं से नफरत किए मुसलमान बन सकते हैं हालाँकि हिंदुओं ने कई कारणों से पाकिस्तान से विद्वेष बंद नहीं किया है। अस्मिता की धर्म-आधारित परतों से समझौते करना कठिन होता है, खासकर जब आधुनिक शिक्षा हमें धर्मनिरपेक्षता के धर्म में समाजीकृत कर देती है जो किसी भी अन्य धर्म के मुकाबले विवेक में गहरी जड़ों का दावा करती है। इसलिए हम विभिन्न धर्मों को समझने और उनसे जुड़ने की जरूरत के प्रति उदासीन हो जाते हैं।

मेरा प्रस्ताव है कि समानता-भिन्नता की धुरी की जगह भारत और पाकिस्तान उस व्यापक दृश्य को समझें जिसका वे हिस्सा हैं। इस दृश्य को प्रचलित और अकादमिक शब्दों में आजकल 'भूमंडलीकरण' कहते हैं जो भले ही अस्पष्ट लगे पर उपयोगी तो है। हम इसको क्या अर्थ देते हैं यह निर्भर करता है हमारी आर्थिक नीतियों और प्रौद्योगिकी एवं संस्कृति में बदलाव से जुड़ी खास मान्यताओं पर। यह बहुत ही वृहत विषय है लेकिन यह इस बात को सीधे प्रभावित करता है कि हम दैनिक समाचारों को कैसे देखते और समझते हैं। भूमंडलीय आर्थिक स्थिति, प्रौद्योगिकी और संस्कृति में जो बदलाव आ रहे हैं, क्या उनके संदर्भ में भारत और पाकिस्तान एक ही नाव पर सवार नहीं हैं? इस रूपक को हम शायद ज्यादा आधुनिक बनाते हुए अधिक व्यापक अर्थ दे सकते हैं अगर हम कहावती नाव की जगह हवाई जहाज का इस्तेमाल करें, क्योंकि संसार बहुत तेजी से बदल रहा है। विभिन्न देश इस तेज बदलाव की गति का सामना कैसे कर रहे हैं, इस पर फुरसत से गंभीर चिंतन करके सहमति बनाने का समय नहीं है। जो लोग इस गति को प्रगति का सूचक मानते हैं वे भी नहीं जानते कि सामाजिक सिद्धांतों के मलबे में से निकलने वाले मूलभूत विवादों को कैसे सँभाला जाए या कैसे हस्तक्षेप किया जाए। अगर भूमंडलीय बदलाव के केवल दो सूचकों, सोवियत संघ का विध्वंस और नागरिक उपयोग के लिए इंटरनेट की उपलब्धता को लेते हुए बात करें तो भी निःसंदेह सामाजिक विज्ञानों को भूमंडलीय बदलावों का विश्लेषण करने में बहुत समय लगेगा। एक बात हालाँकि थोड़ी बहुत स्पष्ट लगती है और वह है शक्तिशालियों की उपनिवेशिक तरीके की बेशर्मी का नवीनीकरण और उनकी संसार को पुनःव्यवस्थित करने की इच्छा जिससे उनकी औपनिवेशिक चौधराहट बनी रहे।

इस प्रक्रिया पर विवाद शर्तिया ही लंबा और तीखा होगा पर हमें चाहिए कि हम उसे भारत और पाकिस्तान जैसे देशों में कारपोरेट संस्कृति और विचारधारा के जोर पर ध्यान देने से रोकने न दें। दोनों ही देशों में समाज-कल्याण की भूमिका की कीमत पर राष्ट्र जिस हद तक आंतरिक और बाहरी सुरक्षा का पहरेदार बना है, उसे पहचानने में हम भूल नहीं कर सकते। इस बदलाव के चिह्न भारत और पाकिस्तान, दोनों ही देशों

में स्पष्ट हैं, हालाँकि इन चिह्नों के फैलाव की परिपाटी अलग है क्योंकि दोनों का सामाजिक, राजनीतिक और आर्थिक भूदृश्य अलग है। स्वास्थ्य और शिक्षा जैसी मूलभूत सेवाओं का निजीकरण और व्यापारीकरण हाल के समय में अघटित पैमाने पर बढ़ा है, और दोनों ही देशों में इससे गरीबों को ज्यादा गहरी चोट पहुँची है। अब, शिक्षा में यह प्रक्रिया उदारवादी उच्च शिक्षा में भी फैल रही है, जिससे भूमंडलीय कारपोरेट अभिकर्त्ताओं का सांस्कृतिक पुनर्निवेशन के सबसे गहरे चक्र में प्रवेश होने का संकेत मिलता है। यह स्तर वही है जिस पर ज्ञान का विनिमय, विकास और सृजन होता है।

पाकिस्तान में ज़िया के क्षतिपूर्ण वर्षों के बाद से यह पहलू बहुत ही अपरदित हालत में रहा है। भारत में कारपोरेटीकरण प्रगाढ़ हो रहा है, थोड़ा विलंबित है और कुछ पूर्वानुमेय प्रतिरोधों का भी सामना कर रहा है। व्यापक संदर्भ, दोनों ही देशों के लिए समान है। भूमंडलीय कारपोरेट ताकतें जो ज्ञान को माल की तरह संसाधित करने के लिए अमीर राष्ट्र राज्यों में पूरी तरह संस्थापित हैं, उनकी ऐसा करने की दृढ़ता से यह व्यापक संदर्भ बनता है। ऐसा नहीं कि ज्ञान पहले एक वस्तु नहीं था पर इस बार हम देख रहे हैं कि ज्ञान के अन्य आयामों को पहचानने से नकारा जा रहा है। अगर यह तर्क रखा जाए कि यह प्रचलन पूंजीवाद से जुड़ा हुआ है तो इसका अर्थ उस विशिष्ट ऐतिहासिक संकट को भुला देना होगा जिसका सामना सभी पूर्व-उपनिवेशी राष्ट्र कर रहे हैं। यदि हम इस संकट का सामना करने की भारत की क्षमता के चुने हुए सूचकों पर ही ठहर जाएंगे तो हम ज्ञान को केवल वस्तु के रूप में घटाकर देखने के उन निराशाजनक और घिनौने निहितार्थों को भुला देंगे जो शिक्षा और जागरूकता बढ़ाने वाली संस्थाओं के लिए होते हैं। बिना उनके जीवित रहे, विकास और सुधार व शांति के दक्षिण एशिया में सामाजिक और राष्ट्रीय प्राथमिकता बनने की बहुत ही कम संभावना है। अगर भारत और पाकिस्तान को इस भूमंडलीय और सुस्पष्ट राजनीतिक विपत्ति से उठने वाली चुनौतियों का प्रभावशाली जवाब देना है तो यह काम इकट्ठे होकर ही किया जा सकता है। औपनिवेशिक राष्ट्रों में से क्या वे पहले राष्ट्र नहीं थे जिन्होंने आध्यात्मिक साधनों से अपनी आज़ादी पाई? आधुनिक राष्ट्रों

के रूप में जन्म लेने के ऐतिहासिक क्षण में इकट्ठे होने की जो लाक्षणिकी है वह दक्षिण एशिया के ज्ञान और संस्कृति के अपयोजन के विरोध की बड़ी संभावना की सूचक है। यह किसी सभ्यताई संकट से कम नहीं है। यह संकट दक्षिण एशिया (सार्क के कुपोषित भाग से परे एक वृहत सांस्कृतिक जगह) को स्थानिक हिंसक क्षेत्र बनाना शुरू कर चुका है। दक्षिण एशिया का आधुनिक आयातित अस्त्रों से संतृप्त होना पूरी तरह से चालू है। अपने दिमागों में ऐसा मनमुटाव ले कर, जब हम इसे और अन्य जुड़ी हुई प्रक्रियाओं को देखते हैं तो ऐसे भविष्य की कल्पना करना जरूरी हो जाता है जिसमें भारत और पाकिस्तान दोनों प्रतिष्ठा के साथ इकट्ठे अस्तित्व में रह सकते हैं। शांति हमेशा कल्पना का कर्म होती है जबकि युद्ध तैयारी का विषय है। एक असाधारण हिन्दी फिल्म, 'वीर-ज़ारा' में हम शांति के इस स्वभाव से दो-चार होते हैं। यह फिल्म ऐसे प्रेम-प्रसंग के बारे में है जो सफल तो होता है लेकिन भारत-पाक विवाद से रचित असहायपन के भयंकर नाटक में नायक-नायिका की जवानी बर्बाद किए बिना नहीं। इस फिल्म का संदेश असाधारण है क्योंकि इसकी कहानी दुबारा मिलन की बात नहीं करती; बल्कि अनिश्चित भविष्य में मिलाप को खोजती है।

अनुक्रम

1

बिड़ला हाउस और राजघाट

जहाँ महात्मा गाँधी की हत्या की गई थी, उसी बिड़ला हाउस में हम भ्रमण के लिए गए थे। भ्रमण के अंत में मेरी एक विद्यार्थी ने कहा कि वह कुछ पूछना चाहती है। छायाचित्रों की गैलरी में टहलते हुए हमने करीब एक घंटा बिताया था। उससे पहले करीब दस मिनट का ध्यान किया था उस जगह जहाँ 30 जनवरी 1948 को गाँधी गिरे थे। उस जगह पर इतिहास का विवरण देने वाला कोई सूचक नहीं है। भूरे रंग के एक चमकते हुए पत्थर के खंभे पर गाँधी के आखिरी शब्द 'हे राम' और तारीख खुदी हुई है। न अक्षर और न ही संख्याओं की पुताई अच्छे से की गई है। कारीगर के हाथ के परिष्कार की कमी पर सहज ही ध्यान जाता है और अगर आप उस जगह पहली बार गए हैं तो एक क्षण के लिए यह सोचे बिना रहा नहीं जाता कि इस काम के लिए किसी बेहतर कारीगर को क्यों नहीं चुना गया। खंभा एक छोटी सी साधारण छतरी के नीचे खड़ा हुआ है, जो शायद खंभे और उस जगह को धूप और बारिश से बचाने के लिए बनाई गई है। उसके चारों तरफ ठीक-ठाक सा मैदान है; उतना हरा-भरा नहीं है जितने हरे-भरे आसपास हर दिशा में फैले मंत्रियों के बंगलों के मैदान हैं, न केवल पड़ोस के क्लैरिजिस होटल के। एक बार फिर, आपको आश्चर्य होता है कि घास का बेहतर रखरखाव क्यों नहीं किया जा रहा। जितनी भी घास है, उसमें आप देखते हैं सीमेंट से बने पैरों के निशान जो छतरी से लेकर मैदान के उस पार स्थित भवन तक जा रहे हैं, उस कमरे तक जहाँ से निकल कर गाँधी अपनी हत्या के स्थल की तरफ धीरे-धीरे गए थे।

स्पष्टतः सीमेंट से बने पैर आनेवाले की कल्पना को सहायता देने

के लिए बनाए गए हैं। उस भीड़ का क्या जो उस शाम गाँधी को सुनने के लिए वहाँ जमा थी? मैदान और वसंत के फूलों को देखते हुए दंगों और शरणार्थियों से भरे और थके हुए शहर में 1948 की सर्दियों के उस दृश्य की तस्वीर बनाने में मुश्किल होती है। अधमरी सी घास से जरा ऊपर, सीमेंट के पैर बहुत ही मजबूत और सुडौल लगते हैं। वहाँ आने वाले स्कूली बच्चों को शायद गाँधी का कमरे से खंभे और छतरी तक का रास्ता समझने में मदद मिलती है। मेरे सभी विद्यार्थी इक्कीस-बाईस साल के ही थे। मैंने सोचा कि शायद सीमेंट के पैर उन्हें थोड़े बेवकूफी भरे लगे होंगे। मेरा ध्यान गया कि उनमें से एक, पैरों के सहारे-सहारे चल कर उस कमरे तक पहुँच गई जिसकी तरफ कदम ले जा रहे थे और वहाँ पहुँच कर उसे थोड़ी निराशा हुई क्योंकि गाँधी ने जिस दरवाजे का इस्तेमाल किया था उस पर ताला लगा हुआ था। कमरा दूसरी तरफ से खुला हुआ था। आखिरकार वह एक संग्रहालय है जिसमें घुसने और बाहर निकलने का दरवाजा निर्धारित होता है, वही सामान्य रूखापन बिना यह सोचे कि ऐसी शांत जगह में उनका व्यवहार कितना अप्रिय लगता होगा। वहाँ मौजूद लोगों में से सफेद खादी पहने एक लंबे कद का पुरुष अपने कर्मचारियों पर पूरे दस मिनट तक जोर-जोर से चिल्लाता रहा। जब वह गुस्से में चिल्ला रहा था, मेरा मन बार-बार हुआ कि उससे पूँछू कि क्या उसे अंदाजा था कि वहाँ आए विदेशी पर्यटक उसके बारे में क्या सोच रहे होंगे। कुछ पर्यटन कंपनियों ने बिड़ला हाउस को अपने रोज के बस रूट में शामिल कर लिया है। जब इस वरिष्ठ अधिकारी ने चिल्लाना शुरू किया तभी एक बस आकर रुकी थी। लेकिन किसी चीज ने उसे टोकने से मुझे रोका। शायद यही विचार रहा होगा कि सच तो उजागर होना ही चाहिए। गाँधी ने कहा था, जो वहाँ के प्रदर्शनी पटल पर भी पुता हुआ था कि उनके पास सिखाने के लिए नया कुछ नहीं था क्योंकि सत्य और अहिंसा पहाड़ों जितने ही प्राचीन थे। गाँधी से जुड़े संग्रहालय में गुस्सा और हिंसा मेरे लिए कोई नई बात नहीं थी। वर्षों पहले मैंने अहमदाबाद के साबरमती आश्रम की गैलरी में दो बच्चों को चाँटा खाते हुए देखा था। उनका अपराध था कि वह तस्वीरों को ठीक से देखने की खातिर धीरे-धीरे चल रहे थे जबकि अन्य

सहपाठियों को शिक्षिका ने धमकाकर आगे बढ़ा दिया था।

जब से हम बिड़ला हाउस में घुसे थे, तब से एक भी प्रश्न नहीं उठा था, इसीलिए मुझे यह सुनकर खुशी हुई कि कोई एक प्रश्न पूछना चाहता है। दूसरों को ध्यान देने के लिए कहते हुए ताकि चर्चा में सभी भाग ले सकें, मैंने बड़े उत्साह से प्रश्न पूछने के लिए कहा। छात्रा ने कहा कि वह जानना चाहती थी कि गाँधीजी को क्यों मारा गया। मेरी घबराहट पर ध्यान जाते ही उसने जोड़ा कि उसे पता था कि गाँधीजी को किसने मारा था पर यह नहीं पता था कि क्यों मारा था। उस क्षण और हमारे परिवेश के लिए यह प्रश्न बहुत ही सार्थक था पर मेरी हताशा और थकान सांत्वना दिए जाने की हद के पार जा चुकी थी, हालाँकि दिन अभी शुरू ही हुआ था।

अब तक मुझे पता चल गया था कि एक विद्यार्थी को छोड़कर बाकी पूरा समूह पहली बार उस जगह आया था। उनमें से दो ने चित्रों की गैलरी में बताया कि उन्हें तो यह भी नहीं पता था कि बिड़ला हाउस जैसी कोई जगह भी है। जो लड़की सीमेंट के पैरों के सहारे चली थी, उसने अपने इस आश्चर्य को शब्दों में जोर से व्यक्त किया कि उसका स्कूल कभी उसे वहाँ क्यों नहीं ले गया। उसने पूछा 'वे हमें राजघाट ले गए, लेकिन यहाँ क्यों नहीं लाए?' मैंने जवाब दिया कि यह बात सोचने लायक है। गाँधीजी की हत्या के कारण के बारे में मैं क्या कहता, वह भी बिना आश्चर्य दिखाए कि यह प्रश्न कालेज से स्नातक की उपाधि ले चुके ऐसे विद्यार्थियों ने पूछा था जो शिक्षक बनने जा रहे थे। यह भी मैं ईमानदारी से न पूछ सका क्योंकि मैं जानता था कि उन्हें क्यों पता नहीं था, और यह भी कि क्यों उनसे यह बात पता न करने की आशा की गई थी। पिछले दशक में इस समस्या को लेकर मैं काफी सोच-विचार करता रहा हूँ और मेरी समझ का यही आखिरी हिस्सा सबसे ज़्यादा निराशाजनक रहा है।

अस्सी के दशक की शुरुआत में मैं पहली बार बिड़ला हाउस गया था। वह यात्रा मुझे आज भी याद है। बाद के वर्षों में मुझे गुस्सा आता था कि उसके बारे में क्यों लोगों को ज़्यादा पता नहीं है। दिल्ली आए पर्यटकों का उसे देखना क्यों महत्त्वपूर्ण नहीं माना गया, यह मुझे

धीरे-धीरे ही समझ में आया। इस उपेक्षा में एक अर्थ था। राजघाट और बिड़ला हाउस के बीच की प्रतियोगिता ने भारत के आधुनिक दिमाग का एक गहरा छेद छिपा दिया था।

मेरे विद्यार्थियों के लिए जहाँ बिड़ला हाउस काफी अपरिचित और नया रहा, वहीं राजघाट बिल्कुल इसके उलट था। उनका स्कूल उन्हें कई बार राजघाट ले गया था और अख़बारों में उन्होंने महत्त्वपूर्ण राजनीतिज्ञों और विदेशी पदासीन अतिथियों की राजघाट की यात्राओं के बारे में पढ़ा था। वैसे भी, कई लोगों के लिए राजघाट, दिल्ली के शहरी भूगोल से होने वाली दैनिक जद्दोजहद का हिस्सा है—क्योंकि वह रिंग रोड पर स्थित है—जिसे सड़क पर पेंट करने वाले महात्मा गाँधी मार्ग के नाम से जानते हैं—और, इसीलिए वह एक बहुत ज़्यादा इस्तेमाल होने वाले बस रूट के बीच में आता है। लेकिन मेरे विद्यार्थियों की बिड़ला हाउस से अनभिज्ञता का आरोपण सिर्फ एक खास जगह पर नहीं किया जा सकता। ऐसा मानने का मतलब होगा उस मूक सहमति की उपेक्षा करना जिसने गाँधी की हत्या के बाद से भारत की नागरिक ज़िंदगी को आकार दिया। इस सहमति में शामिल दो पक्षों को प्रतिस्पर्धी सामाजिक-ऐतिहासिक विन्यासों की तरह देखना होगा जो गाँधी की हत्या के बहुत पहले से सांस्कृतिक आधिपत्य और राजनीतिक दबाव के लिए होड़ लगा रहे थे। पूर्ण-स्थापित दो विचारधारायी वर्गों की मदद से हम इन विन्यासों को बड़े आराम से पहचान सकते हैं; बहुलतावादी धर्मनिरपेक्षतावाद और धार्मिक या सांस्कृतिक राष्ट्रवाद, लेकिन ऐसा करते ही हम बहुलतावादी धर्मनिरपेक्षतावाद के अर्थ पर लंबे समय से चलते आ रहे विवाद पर पहुँच जाएँगे। जिन लोगों को बहुलतावादी धर्मनिरपेक्षतावाद से जोड़ा जाता है, उन्होंने राष्ट्रवाद के प्रतिनिधि के रूप में अपनी अयोग्यता को कभी नहीं स्वीकारा। हाल के वर्षों में, 'सांस्कृतिक राष्ट्रवादी' कहते रहे हैं कि वे ही असली धर्मनिरपेक्षतावादी हैं, और जो अपने आप को धर्मनिरपेक्ष कहते हैं, वे तो पाखण्डी हैं और 'सूडो-सैक्यूलर' हैं। यह तीखा विवाद समकालीन राजनीतिक जीवन का इतना अभिन्न अंग है कि मुझे इस पर रुककर विचार करने की जरूरत नहीं है और वैसे भी मेरा असली उद्देश्य इन दो पक्षों के रिश्तों को आकार देने वाली मूक सहमति की उस परिधि

तक चर्चा करना है जहाँ तक उसका संबंध राजघाट के सार्वजनिक महत्त्व और बिड़ला हाउस के उतना महत्त्वपूर्ण न होने से है।

युवा विद्यार्थी और बच्चे अकेले नहीं हैं जिन्हें गाँधी की हत्या का स्थल देखने नहीं ले जाया जाता। विदेशी सरकारों के नेताओं के साथ भी ऐसा ही होता है; उन्हें राजघाट ले जाते हैं, बिड़ला हाउस नहीं। न ही भारत के पदासीन नेता गाँधी के जन्म या मरण दिवस या स्वतंत्रता दिवस पर श्रद्धांजलि अर्पित करने बिड़ला हाउस जाते हैं। यह समारोह राजघाट के लिए आरक्षित है। यह मामला संयोग का है या सोचे-समझे एक विकल्प को चुनने का।

यह तर्क तो दिया ही नहीं जा सकता कि हिंदू धर्म में दाह-संस्कार की स्थली को महत्त्व दिया जाता है (इसका तो उलट सच है बस एक महाराजाओं को छोड़कर, जिनकी छतरियाँ कई उत्तरी भारत के किलों में देखी जा सकती हैं। महान योगियों और साधुओं की समाधियाँ होती हैं, पर वे तो वाकई समाधि में होते हैं क्योंकि उन्हें वहाँ दफनाया जाता है, उनका दाह-संस्कार नहीं किया जाता।) दिल्ली में राजघाट के अलावा उन स्थलों की एक विशिष्ट प्रतिष्ठा हो गई है जहाँ जवाहरलाल नेहरू, इंदिरा गाँधी, संजय एवं राजीव गांधी, लाल बहादुर शास्त्री और चरण सिंह का दाह संस्कार किया गया था। निश्चय ही राष्ट्रीय महत्त्व वाले दाह-संस्कारों के लिए रिंग रोड के इस हिस्से के चुनाव ने समस्याएँ पेश की हैं जो प्रतियोगी राजनीति से उभरती हैं और यमुना किनारे गाँधी और नेहरू के पड़ोस में जगह ढूँढने तक सीमित नहीं रहती हैं। इसमें कोई दो राय नहीं कि राजघाट तो खास है ही और उसका अपना एक वातावरण है। उसकी सादी रूपरेखा, खासकर वृहत् खुलापन गाँधी की दूसरों पर आसानी से भरोसा करने की प्रवृत्ति को कुछ ज़्यादा ही उघाड़कर रख देता है। इंसान और स्मारक के बीच में कोई सांकेतिक दूरी हो तो वह भी कम-ज़्यादा लंबाई वाले बिना पैटर्न के साधारण डिज़ाइन में खड़े मुट्ठी-भर पेड़ों से और भी घट जाती है। चारों ओर का नीचा बरामदा शायद सादा जीवन की तरफ गाँधी के झुकाव को जाहिर करने के लिए बनाया गया है।

यह संदेश भी थोड़ा उन खंभों और सामग्री की स्पष्ट मौजूदगी से

अतिरंजित हो जाता है जो महत्त्वपूर्ण लोगों के आने पर शामियाना लगाने के लिए इस्तेमाल होते हैं और इसीलिए बरामदे के कई हिस्सों में मौजूद हैं। ये शामियाने तब लगाए जाते हैं जब अति महत्त्वपूर्ण लोग खास दिनों पर सार्वजनिक रूप से खादी बुनने और गाँधी के पसंदीदा भजन सुनने के लिए आते हैं। सड़क से हम मुख्य चतुर्भुज की तरफ एक गुफा में से गुजरकर पहुँचते हैं, लेकिन असलियत में वह एक लंबी, प्रवेश द्वार की तरफ जाती चढ़ाई से ज़्यादा कुछ नहीं है। प्रवेशद्वार पर पहुँचने पर हमें जूते उतारने के लिए कहा जाता है और उनकी सलामत वापसी के लिए कुछ शुल्क माँगा जाता है। इसके अलावा राजघाट कोई शुल्क नहीं लेता, लेकिन गाँधी के दाह-संस्कार की मुख्य जगह पर चमकते हुए काले चौकोर आकार के पत्थर के पास एक दान-पात्र रखा हुआ है। यह राजघाट का केंद्रबिंदु है, उसका दिल है। वहाँ हम पर्यटकों को प्रार्थना करते या घुटनों पर झुकते हुए देखते हैं और उनके बच्चे ऐसा करते देख आश्चर्यचकित होकर सोचते हैं कि शायद वह कोई मंदिर है। उस जगह का एक धार्मिक एहसास है और यह सोचकर ठीक ही लगता है कि गाँधी एक महात्मा थे। पर वह एक राजनीतिक नेता भी थे और राजघाट को राष्ट्रीय स्मारक माना जाता है जिस पर वास्तुकला और परिवेश की मदद से गाँधी के भारत संबंधी विचारों को बताने की जिम्मेदारी है, न कि उनकी व्यक्तिगत आध्यात्मिक यात्रा के बारे में बताने की।

जैसे ही आप रिंग रोड की तरफ बढ़ते हैं और किताबों की सरकारी दुकान में सस्ते से कैसेट प्लेयर पर चल रहे भक्ति गीत सुनते हैं, आप को अनिवार्य रूप से दरिद्रता और उपेक्षा का एहसास होता है। ऐतिहासिक स्मारकों की देखभाल में उत्कृष्टता के लिए भारत का नाम नहीं गिना जाता और इसमें राजघाट भी कोई अपवाद नहीं है। न ही वह ऐसे कानून और व्यवस्था वाले देश के भाग के रूप में कोई अपवाद है, जैसा कि स्थान भारत उपनिवेशिक शासन के कई वर्षों बाद भी बना हुआ है। एक बहुत ही ऊँचा और बड़ा सूचनापट्ट आने वालों को वहाँ खाने, खेलने, कचरा फैलाने, बैनर लगाने या सभाएँ करने से मना करता है। इस लंबी सूची की आखिरी चीज़ है 'अन्य कोई भी अवांछनीय गतिविधि'। इस मामले में भी राजघाट सन्तसुलभ, आध्यात्मिक गाँधी को उनके राजनीतिक, ऐतिहासिक

स्व से पृथक कर देता है क्योंकि हम सब को पता है कि गाँधी को सभाओं और प्रदर्शनों का बहुत शौक था और उन गतिविधियों का तो खास ही शौक था जिन्हें शक्तिशाली लोग अवांछनीय मानते हैं।

राजघाट एक गंभीर और सच्चे पुरुष की मृत्यु को संज्ञापित करता है। उसका इतिहास से जुड़ाव तो वहाँ से बिल्कुल गायब है, न केवल इसीलिए कि वहाँ ऐतिहासिक तारीखें और अन्य चीजें बताने वाला कोई सूचना बोर्ड नहीं है। राजघाट पर इतिहास तो बिल्कुल अप्रासंगिक लगता है। इतने परिश्रम से जुटाए खुलेपन की कोई भी चीज हमें यह याद नहीं दिलाती कि गाँधी को एक ऐसे आदमी द्वारा हिंसात्मक तरीके से मारा गया था जिसने गाँधी के प्रति अपनी तीव्र घृणा का औचित्य ढूँढ़ लिया था और जिसे लगता था कि गाँधी कई माफ न करने लायक गलतियों के लिए जिम्मेदार थे, जिनमें से सबसे भयंकर गलती भारत के विभाजन की थी। राजघाट किसी के दिमाग में कोई प्रश्न या जिज्ञासा नहीं उठाता। वह बस जीवन और मृत्यु से बड़ी एक सच्चाई से अवगत करवाता है। वह मन को शांति देता है क्योंकि वह उस राष्ट्र के बारे में कोई भी परेशान करने वाले प्रश्न या विचार नहीं उठाता जिसके लिए गाँधी ने अपना जीवन समर्पित कर दिया। राजघाट गाँधी को शहीद बनाकर उनकी हत्या से जूझने में मदद करता है। जब गाँधी का शहीद की तरह विवरण दिया जाता है, तब उनकी मौत के तरीके को एक युद्ध की-सी गरिमा दे दी जाती है। एक क्षण के लिए उनके लड़ने के गैर-सिपाहियाना तरीके को भूल जाइए; क्या गाँधी लड़ते हुए मरे थे या उनकी क्रूरतापूर्ण हत्या की गई थी? राजघाट आने वालों को जो स्वाभाविक-सी शांति पेश की जाती है उसमें ऐसे परेशान करने वाले प्रश्नों की कोई जगह नहीं है।

बिड़ला हाउस के लिए ठीक इसका उलट सही है। उसका गरिमामयी, थोड़ा बहुत जाना-पहचाना वास्तु-शिल्प उसके इतिहास को लेकर एक तात्कालिक जिज्ञासा जगाता है। जान-पहचान का एहसास दरअसल कई शैलियों के मिश्रण के कारण है। मेरी मित्र और इतिहासकार, नारायणी गुप्ता कहती हैं कि हवेली का डिज़ाइन ही 'फिट' होने के लिए है जो लुटियन के बाद की दिल्ली में रहने के लिए एक आरामदेह जगह प्रस्तुत करती है। राजस्थान में बिड़ला की जो हवेलियाँ

हैं, उनसे तुलना करता यह विवरण मुझे बिल्कुल सटीक लगा। गेट से होते हुए जब हम पीछे के मैदान में पहुँचते हैं जहाँ गाँधी गिरे थे तो समय और जगह की अभिज्ञता दिमाग को जकड़ लेती है। आपके दायें हाथ पर जो सन्निवेश जगह है, वह एक आँगन की स्मृति जगाता है, पर देखने वाला फौरन ही समझ जाता है कि ऐसा है नहीं। यह इमारत आँगन के लिए कुछ ज्यादा ही आधुनिक है। उसका ढाँचा मौलिक है जिसे सामग्री और सांकेतिक यथार्थ के बदलाव के दौर में भी बने रहने के लिए बनाया गया है। अंदर की घुमावदार सीढ़ियाँ, हवेली का स्मरण करवाती हैं, जबकि पीछे का मैदान किसी भी लुटियन बंगले की याद दिलाता है। जब आप मैदान और उसके चारों तरफ बिछे फूलों के गलीचों को निहारते हैं तो यह बड़ा प्रश्न—गाँधी के साथ ऐसा क्यों हुआ—और भी कई जिज्ञासाएँ जगाता है : कोई उस वृद्ध इंसान से इतनी नफरत कैसे कर सकता था; कौन था हत्यारा; उसने अपनी सफाई में क्या कहा होगा, इत्यादि। बिड़ला हाउस आने वाला कोई भी आगन्तुक ऐसे प्रश्नों को दिमाग में आने से रोक नहीं सकता और ये प्रश्न अपरिहार्य रूप से आगन्तुक का ध्यान गाँधी की क्रूर हत्या के अनोखे ताजेपन और चलती आ रही सार्थकता की तरफ खींच ही लेते हैं। स्वाभाविक है कि यह बिड़ला हाउस और राजघाट के बीच में सबसे बड़ा अंतर है : राजघाट बिल्कुल शाश्वत लगता है और इसीलिए गुजरते हुए पल से उसका कोई संबंध नहीं है; बिड़ला हाउस इस बात का एक दर्दनाक तकाज़ा है कि आधुनिक भारत अभी भी रचा जा रहा है और उस जंग से उबर नहीं पाया है जिसमें गाँधी की जान गई थी।

आश्चर्यजनक बात है कि गाँधी के विचारों और जीवन पर जितना लिखा गया उसके मुकाबले उनकी हत्या के बारे में बहुत ही कम लिखा गया है। उनकी हत्या के नाटक का विश्लेषण करने के लिए न ही पर्याप्त शोध उपलब्ध है और न ही अन्य प्रकार के लेख। अगर कोई मौजूदा साहित्य पलटे तो उसको एक सुव्यक्त विचार मिलेगा कि गाँधी की हत्या ऐसी चीज़ नहीं थी जो बस एक बार हुई और हमेशा के लिए हो गई। गाँधी के हत्यारे और उसके साथियों पर चला मुकदमा एक बहुत ही तनावपूर्ण राजनीतिक घटना थी और बहुत से सबूत दिखाते हैं कि कातिलों

की रुचि सिर्फ अपनी बात कहने में नहीं थी। उनको पता था कि उनसे सहानुभूति रखने वाले कई लोग थे और वे अपने किए से जुड़ी दुश्चिंता की परंपरा पीछे छोड़कर जाना चाहते थे। जिस तरह के वक्तव्य उन्होंने दिए—नाथूराम गोडसे का वक्तव्य तो कुछ ज़्यादा ही विस्तृत था, और उनके वकीलों द्वारा उन्हें बचाने के लिए दी गई दलीलें—इन सब में एक कहीं ज़्यादा बड़ी विचारों की जंग थी। एक बूढ़े आदमी के जीवन का फौरन खत्म हो जाना उतनी बड़ी जंग को अपने-आप में नहीं समेट सकता था। बिड़ला हाउस उस जंग की याद और उससे संबंधित ताजा खबर को उद्धृत करता है। उस घड़ी वह एक स्मारक नहीं रह जाता बल्कि बन जाता है गाँधी की सक्रिय कर्मभूमि, जो कि वह कभी था। वकील तपन घोष ने गाँधी की हत्या पर लिखे अपने किताब जितने लंबे संस्मरण का निष्कर्ष इस भावना के साथ निकाला है कि बिड़ला हाउस पर अभी भी एक परछाई है। घोष अपनी किताब के अंत में पूछते हैं: वह गोडसे की परछाई है या संप्रदायवाद का भूत?[1]

गोडसे ने गाँधी की लंबी आलोचना दी थी और मेरा उद्देश्य यहाँ उसका सार प्रस्तुत करना नहीं है। उसका सबसे बड़ा आरोप था कि गाँधी भारत के विभाजन के लिए ज़िम्मेदार थे। असंख्य तर्कों और एक व्यक्तिगत विवरण की मदद से गोडसे यह आरोप लगाने में सक्षम हुआ। सबसे मुख्य तर्क यह था कि गाँधी मुसलमानों के समर्थक थे; वह हिंदुओं को कुछ नहीं मानते थे और उनके हितों की उपेक्षा करते थे। एक समानांतर तर्क था कि गाँधी की अहिंसा एक सनक थी और वह राष्ट्र के लिए बहुत महँगी पड़ी। गोडसे के कथनों की बुहार से कोई भी मुख्य राष्ट्रीय चिंता अनछुई नहीं रही। उदाहरण के लिए, भारत की राष्ट्रीय भाषा के प्रश्न पर गोडसे ने गाँधी पर आरोप लगाया कि वह हिंदी में संस्कृत के शब्दों की जगह उर्दू के शब्दों के सम्मिलन को बढ़ावा देकर 'हिंदी का बाजारीकरण' कर रहे थे। गोडसे के दिमाग में गाँधी एक बड़े और दुखद धोखे के निर्माता थे और उनकी महिमा ने उन्हें गरीब और दुखी लोगों पर उस धोखे को थोपने की आज्ञा दी थी। गोडसे गाँधी की ताकत को जिन कृत्यों के लिए कसूरवार ठहराता है उनमें विभाजन सबसे दुखदायी था। वह कहता है, गाँधी कितने भी महान हों, उन्हें भी

देश को तोड़ने का हक नहीं था। गाँधी की हत्या के मुकदमे में अपनी बात रखते हुए गोडसे ने कहा कि कोई भी अदालत गाँधी को उनके कर्मों की सजा नहीं देती; इसीलिए किसी को तो यह काम अपने ऊपर लेना ही था।

गोडसे का अदालत को दिया गया आत्मविश्वासी कथन जिस बात से एक दुःखद दस्तावेज बनता है, वह है उसमें से पश्चात्ताप तो दूर, आत्म-संदेह का भी अभाव। वास्तव में उसने फाँसी का तख्ता चढ़ने तक एक बड़े आदमी की भंगिमा बनाए रखी जिसे कोई पश्चात्ताप नहीं था और यही वह बात है जो गोडसे को विचारधारात्मक हत्यारा बनाती है। उसके वक्तव्य को पढ़ने से हम 'विचारधारा' शब्द के सही अर्थ को समझ पाने में सक्षम होते हैं। विचारधारा-विचारों का ऐसा तन्त्र होती है जिसमें सोच की कोई संभावना न हो। गोडसे न पागल था और न ही कट्टरपंथी, लेकिन विचारधारा दिमाग के साथ क्या कर सकती है, इस अंतर्दृष्टि का उदाहरण उस स्थल पर जाकर हर बार सहज ही जाहिर हो जाता है जहाँ गाँधी गिरे थे। बिड़ला हाउस हमें याद दिलाता है कि गाँधी जैसा सादा और निष्कपट इंसान एक सोचे-विचारे तरीके से मारा गया और वह भी बिना किसी दुविधा के। इस कर्म के पीछे कारण को जानने की जिज्ञासा दर्शक को विभाजन और हिन्दू-मुसलमान संबंधों पर परिचित प्रश्नों का सामना करने के लिए मजबूर करती है। ये प्रश्न लंबे समय से बने हुए हैं और नियमित रूप से सतह पर उठकर आ जाते हैं, जब भी हम सुनते हैं कि प्रशासनिक संस्थाओं द्वारा सही समय पर कदम उठाने के कारण दंगा भड़कने से रोक लिया गया। मन में प्रश्न उठता है कि यह सब कब तक ऐसे चलेगा? कब तक भविष्य की ऐसी खास तस्वीर के बिना काम चलेगा जिसमें आम आदमी की ज़िंदगी सुस्थिर होगी और ऐसे मन होंगे जो मारने या नष्ट करने के उत्तेजन से भड़केंगे नहीं।

अगर आप पुनरुत्थानवादी विचारों की तरफ हल्का-फुल्का झुकाव भी रखते हैं तो बिड़ला हाउस जाने से आप उन विचारों की दिशा में और ज़्यादा प्रोत्साहित होंगे। आप उन बाध्यताओं पर चिन्तन करते हुए घर वापिस आएँगे जिनके अंदर से भारत को आगे बढ़ने का रास्ता

निकालना है, जबकि हमारी राष्ट्रीय यात्रा में विभाजन का मूल्य हमसे बेरहमी से निचोड़कर ले लिया गया है। दूसरी तरफ, अगर आप पुनरुत्थानवादी सांस्कृतिक राष्ट्रीयता की विचारधारा को लेकर संदेही हैं तो आप बिड़ला हाउस से भविष्यवादी आधुनिकता को उठाने वाले ज़्यादा उत्साह के साथ लौटेंगे जिससे आशय निकलता है कि इतिहास तभी मदद करता है, जब हम उसे पीछे छोड़ देते हैं। बिड़ला हाउस हमें इस बात को लेकर संदेही बनाता है कि हमारी एक बड़ी समस्या है कि आज़ादी के बाद आधी सदी से भी ज्यादा समय हो गया लेकिन भारत में उसके आधार को लेकर कोई एकमतता नहीं है। गोडसे का भारत का विचार गाँधी के विचार से बहुत अलग था, इतना अलग कि गोडसे से गाँधी के ज्यादा जीने की संभावना सहन नहीं हुई, यह एक तथ्य है, लेकिन बिड़ला हाउस इसे जीवन्त संकट के रूप में सक्रिय कर देता है। इसीलिए हम यह अनुमान लगा सकते हैं कि विदेशी पदासीन अतिथियों और स्कूली बच्चों को बिड़ला हाउस की जगह राजघाट ले जाना ज्यादा सही माना जाता है। इस अनुमान या भावना के आशय कोई कम व्यापक नहीं हैं। अगर भारत को विभाजन के झटके से उबरना है, उसको एक दुखद इतिहास की तरह देखना है, लेकिन ऐसा इतिहास जिसे समझा जा सकता है और जिसके साथ रहा जा सकता है, तो ज्यादा लोगों को बिड़ला हाउस जाने की जरूरत है। उन्हें वहाँ सीखने के लिए जाना चाहिए, जितनी सीधी सीख की कोई कल्पना कर सकता है, वैसी सीख के लिए जाना चाहिए कि क्यों गाँधी की ज़िंदगी एक पिस्तौल से खत्म हुई। राजघाट जाकर तो हम इतिहास से संबंध न बनाने की अपनी इच्छा को ताज़ा कर लेते हैं। जितनी हम कल्पना कर सकते हैं, यह दृष्टिकोण उससे ज़्यादा आम है और इसकी लोकप्रियता की ज़िम्मेदारी हर तरह से दोषी और निर्मम शिक्षा व्यवस्था को जाती है।

शिक्षा की बुरी हालत इतनी कहीं नहीं दिखती जितनी इतिहास के शिक्षण में दिखती है, खासकर स्कूली बच्चों के लिए लिखी गई इतिहास की किताबों में। गिने-चुने एकाध अपवाद के अलावा ये किताबें, तथ्यों, तारीखों, नामों और घटनाओं के सतही अभिलेखों के संग्रह की तरह लिखी जाती हैं। किताबों में क्या शामिल किया गया, क्या निकाल दिया

गया और तथ्यों की आनुपातिक प्रामाणिकता पर भारी सार्वजनिक विवाद होता रहता है। ऐसा लगता है कि हमारी पाठ्यपुस्तकों में कल्पनाशीलता और मूलभूत शिक्षाशास्त्रीय जानकारी की कमी की चिंता बहुत ही कम लोगों को सताती है। उनमें से अधिकतर लोग यह महसूस करवाते हैं कि उनके लेखक बच्चों को समझते नहीं और बच्चों की अतीत के बारे में जिज्ञासा जगाने को प्रासंगिक नहीं मानते। वे तो बस बता देते हैं कि क्या हुआ था और अपनी ज़िम्मेदारी का यह हिस्सा भी पाठ्यपुस्तकों के लेखक बारीक विवरणों वाली एक विस्तृत तस्वीर खींचे बिना निभाते हैं, जो वे देते तो शायद बच्चे खुद ही किसी घटना का महत्त्व समझने में सक्षम हो जाते। हरेक घटना को वही संक्षिप्त रूप दे दिया जाता है, जिसमें गाँधी की हत्या कोई अपवाद नहीं है। कोई भी भारतीय पाठ्यपुस्तक यह बताने का प्रयास नहीं करती कि गाँधी को क्यों मारा गया। कोई भी पाठ्यपुस्तक लेखक बच्चों को यह पता लगाने या अनुमान लगाने को नहीं कहता कि हत्यारे को किस चीज़ ने प्रेरित किया होगा। तस्वीर के साथ बिड़ला हाउस का नक्शा देने का प्रारंभिक शिक्षाशास्त्रीय कदम भी नहीं उठाया जाता, जिससे कल्पना को और तेज करने में मदद मिलती और बच्चे उस शाम का मानसदर्शन कर पाते जब गाँधी को मारा गया था। दरअसल कुछ लेखक तो गाँधी की हत्या के विषय को बिल्कुल ही छोड़ देते हैं; दूसरे लेखक जैसे एक सतही, दस्तूरी तरीके से बाकी घटनाओं का जिक्र करते हैं वैसे ही गाँधी की हत्या का भी जिक्र कर देते हैं। किसी में भी इस घटना को विशेष विवरण के लायक मानने का दु:साहस नहीं है, जबकि इसमें राष्ट्र के पिता के शारीरिक अंत की बात शामिल है।

पाठ्यपुस्तकों की यह सामान्य दशा, शिक्षण-प्रशिक्षण के आम स्वरूप से मेल खाती है। बाजारी लक्ष्यों की एकाग्रचित्त साधना की हाल की बाढ़ ने उन कारणों के ढेर में एक और परत जोड़ दी है जो हमें कुछ निराश महसूस करने के लिए बाध्य करते हैं। शिक्षकों का प्रशिक्षण जितना सुधार से दूर रहा है, उतने ही कम प्रयास उसमें चिंतन को प्रोत्साहित करने के लिए किए जाते हैं। प्रशिक्षण सामग्री में ऐतिहासिक स्मारकों की यात्राओं का जिक्र तो होता है, लेकिन इस पर ध्यान नहीं

दिया जाता कि ऐसी यात्रा को पिकनिक से कैसे भिन्न बनाया जाए। राजघाट एक पसंदीदा 'ऐतिहासिक' पिकनिक स्थल है; बिड़ला हाउस नहीं है। कोई आश्चर्य नहीं कि बच्चों के दिमाग में स्कूल की इतिहास की कक्षाओं की एक कड़वी याद रहती है। यह भी आश्चर्य की बात नहीं है कि जब यह बच्चे वयस्क बनते हैं तो शांति और भारतीय समाज के बने रहने एवं पड़ोसी से संबंध जैसे मुद्दों पर प्रचार की ताकत को लेकर असुरक्षित और संवेदी रहते हैं।

अगर मैं चाहता तो भी मुझे नहीं पता था कि अपनी छात्रा के प्रश्न का उत्तर कहाँ से शुरू करूँ। मैं चाहता था कि वह पहचाने कि गाँधी की हत्या क्यों हुई, इस प्रश्न का कोई सीधा-सादा उत्तर नहीं हो सकता। मैं चाहता था कि वह प्रश्न को दिमाग में बनाए रखे। बिड़ला हाउस के प्रवेश-द्वार पर स्थित किताबों की दुकान में जहाँ सावरकर की जीवन कथा सुप्रकट प्रदर्शित थी, वहाँ मैंने सोचा कि क्या मैं उसे उसकी जिज्ञासा शांत करने के लिए कोई किताब पढ़ने का सुझाव दूँ। मैंने काँच के बक्सों में से झाँकते शीर्षकों को देखा और मुझे याद आया कि गाँधी की हत्या पर बहुत ही कम विद्वत्तापूर्ण काम उपलब्ध है। क्या मैं उसको गाँधी की जीवन-गाथा और उनके काम और दर्शन के बारे में अन्य किताबें पढ़ने के लिए कह सकता था? शायद हाँ, लेकिन मुझे पता है कि गाँधी के जीवन और दर्शन के बारे में पढ़ने से इस बात का संतोषजनक स्पष्टीकरण नहीं मिलता कि उन्हें एक अप्रभावित हिन्दू ने क्यों मारा। गाँधी ने क्यों इतना सक्रिय गुस्सा उकसाया? यह प्रश्न भी बना रहेगा कि क्यों वह गुस्सा अभी खत्म नहीं हुआ है? यह धारणा आज भी चली आ रही है कि गाँधी विभाजन को रोक सकते थे। 1940 के दशक के इतिहास की चुनिंदा जानकारी और गाँधी की एक रूढ़िवादी राजनीतिक जादूगर की भूमिका ने मिलकर उत्तरोत्तर पीढ़ियों को इस बात का विश्वास दिला दिया कि गाँधी ने विभाजन होने दिया। आम जनता को संगठित करने के लिए गाँधी ने धार्मिक चिह्नों का जो इस्तेमाल किया, उसे एक बड़ी शुरुआती गलती की तरह देखा गया जो बाद में युक्तिपूर्ण चालों से और गूढ़ हो गई और जिसने मुस्लिम लीग को एक सामरिक फायदा उठाने में मदद की। गाँधी को ऐतिहासिक आयामों का

साधक मानने की प्रवृत्ति ने यह पूछने की हिचक को और कटु बनाया कि उत्तर भारत में हिन्दुओं और मुसलमानों के बीच 1930 से भावनात्मक दूरी क्यों बढ़ गई है? जहाँ तक विभाजन की बात है, जो लोग राजनीतिक परिणामों की सामाजिक उत्पत्तियों पर ध्यान देते भी हैं, वे जनता के अनुबोधों और रुचियों को कर्तृवाचक नहीं मानते हैं। भारत का आधिकारिक इतिहास तो खैर यह आज्ञा देता ही नहीं कि विभाजन को उसके समय की विवशता की तरह चित्रित करे; बस यही मंजूर किया जाता है कि विभाजन ने भारत की सभ्यता के चरित्र का उल्लंघन किया जो कि आज़ाद भारत के राजनीतिक चरित्र में प्रतिष्ठापित है। इसीलिए विभाजन पर गुस्सा बरक़रार है।

जब तक हममें विभाजन को लेकर गुस्सा रहेगा तब तक गाँधी निश्चित रूप से हमारे दिमाग के एक गुप्त कोने में इल्जाम का बड़ा हिस्सा पाते रहेंगे। हमारे पास दो विकल्प हैं: या तो हम विभाजन पर दुखी होना छोड़ दें या गाँधी को एक राजनीतिक जादूगर मानना छोड़ दें। अपनी किताब '*इंडिपेंडेंस एण्ड पार्टीशन*' में सुचेता महाजन दूसरा विकल्प लेती हैं और दिखाती हैं कि वह क्यों वैध है।[2] यह साबित करने के लिए महाजन पर्याप्त प्रमाण देती हैं कि जनता का एक बड़ा हिस्सा विभाजन चाहता था और गाँधी को दरअसल उस व्यापक चाह का पता था। जनता के दिमाग पर उनकी हमेशा एक तीखी पकड़ रहती थी और इसीलिए उन्होंने विभाजन के निवारित होने की कोई उम्मीद नहीं रखी। यह परिप्रेक्ष्य उससे बहुत अलग है जिसे दशकों से शैक्षिक तरीकों द्वारा बढ़ावा दिया गया और जिसमें सिनेमा से भरपूर सहयोग मिला है। महाजन के काम से मिलने वाला परिप्रेक्ष्य अगर प्रोत्साहन और लोकप्रियता पाता है तो हम एक दिन देख पाएँगे कि राजघाट क्या है, इतिहास से छुपने की जगह, एक साधारण-सी वास्तुकलात्मक रचना, उस थकाने वाले कार्य से दूर रखने के लिए जिसकी जरूरत दक्षिण एशिया में शांति की नींव को मजबूत करने के लिए है। बिड़ला हाउस के मुकाबले राजघाट को जो वरीयता दी जाती है, तब शायद वह एक गैर जरूरी राजनीतिक और राजनयिक विपत्ति लगने लगे। दोनों स्मारकों के बीच में जो सांकेतिक दूरी है वह भारत की लगातार चली आ रही इस द्वैधवृत्ति की

सूचक है कि देश गाँधी के साथ क्या करे? हम एक समर्पण के सूचक के रूप में तो गाँधी से प्रेम करते हैं लेकिन ऐसे सूचक के रूप में कम ही स्वीकारते हैं जो एक घरेलू संघर्ष की याद दिलाता है। उनकी शिष्या और शिक्षाशास्त्री दिवंगत मार्जरी साइक्स ने उनके संघर्ष के हुनर की प्रशंसा की लेकिन आज बहुत ही कम लोग याद रखते या पहचानते हैं कि गाँधी का संघर्ष सिर्फ औपनिवेशिक शासन से मुक्ति पाने के लक्ष्य तक सीमित नहीं था।[3] उनका संघर्ष सामाजिक शांति के लिए भी था, यह आज एक कठिन चुनौती पेश करता है, जब हम याद करते हैं कि भारत और पाकिस्तान दोनों के पास परमाणु बम हैं और दोनों ही उन्हें मनचाहे निशानों पर दागने के तरीके विकसित कर रहे हैं।

जगहों में ऐसी शक्ति होती है जो मन को शांत कर देती है और रोशनी के ऐसे कोणों की तरफ मोड़ देती हैं जिन्हें कभी आजमाया नहीं गया। जब जर्मन बच्चे बर्लिन में होलोकास्ट संग्रहालय जाते हैं, या जब जापानी बच्चे हिरोशिमा में शांति के संग्रहालय जाते हैं, वे अपनी राष्ट्रीय अस्मिता के बारे में कुछ असुविधाजनक और कुछ नया आत्मसात करते हैं जो उसे कायम रखने और उसकी वृद्धि के लिए अत्यावश्यक है। बिड़ला हाउस में भी इसकी संभावना है—तरुण भारतीयों को उस भावनात्मक चुनौती के बारे में जागरूक बनाने की, जो उन्हें गाँधी से उत्तराधिकार में मिली है; बिना दूसरे का उपहास उड़ाए अपनी अस्मिता की देखभाल करने की। अस्मिता हमें एक ऊर्जा देती है जिससे हम चाहें तो किसी को दुख पहुँचाएँ, या वैकल्पिक रूप से, दूसरे को पहचानते हुए अपने लक्ष्य प्राप्त करें, जैसा कि टैगोर ने 'मानवधर्म' में कहा है। जब हिंदुत्व में विश्वास रखने वाले एक साथी का सामना करते हुए गाँधी की मृत्यु हुई, तब वह अपने जैसों और अपने सरीखे लोगों में अंतर करने की मूर्खता का प्रतीक बने। अपनी रक्तरंजित मृत्यु के क्षण में गाँधी ने इस सिद्धांत पर विजय पाई कि रिश्तेदारी उन्हीं से होती है जो हमें अपने से लगें। जब हम बिड़ला हाउस जाते हैं तो हम यह सीखने के अवसर का आनन्द उठाते हैं कि हमारी अपने बारे में इस सोच का, कि हम कौन हैं, कोई खास महत्त्व यह तय करने के लिए नहीं हो सकता कि हमारा क्या होगा।[4]

2

लाहौर में कूड़ा

हम वयस्क लोग, बच्चों के साथ किसी भी टकराव पर बातचीत करने से कतराते हैं क्योंकि हमें लगता है कि वह उनके लिए उपयुक्त विषय नहीं है। जब तक संभव हो तब तक उनकी मासूमियत को सुरक्षित बनाए रखने की हमारी इच्छा हमें बच्चों की संगति से किसी भी विवादास्पद मुद्दे की चर्चा करने से रोकती है। यह न केवल अभिभावकों के लिए सही है, बल्कि शिक्षकों के लिए भी है, हालाँकि उनको बच्चों के साथ काम करने का प्रशिक्षण दिया जाता है और उन्हें तो पता होना ही चाहिए कि कोई मुद्दा कितना भी विवादास्पद हो, उस पर कैसे चर्चा करनी है। व्यावसायिक रूप से प्रशिक्षित वयस्कों की तरह शिक्षकों को यह भी जरूर ही पता होना चाहिए कि बच्चों के लिए विवाद या टकराव कोई अपरिचित चीज नहीं है; बल्कि बच्चों में विवाद को समझने और उसका समाधान करने या कम से कम उस समाधान की कल्पना करने की एक स्वाभाविक इच्छा होती है। एक सुव्यवस्थित संसार में रहने की चाह और अगर व्यवस्था बिगड़ जाए तो उसे सुधारकर रहने की इच्छा, बचपन का मूल तत्व होती है। स्वाभाविक है कि जब बच्चों के पास सुलझाने के लिए कई समस्याएँ होती हैं तो यह इच्छा प्रबल बनी रहती है। टेलीविजन के कारण संसार के किसी भी हिस्से में कोई भी बच्चा टकराव की खबरों से दूर नहीं रखा जा सकता; लेकिन लाखों बच्चे खुद कई विवाद देखते हैं और उसका हिस्सा भी बनते हैं। जिन समाजों में प्रजाति या जनजाति समूहों में दीर्घकालिक युद्ध चलते हैं उनमें बच्चों को लड़ाई के लिए भर्ती किया जाता है और वयस्कों के साथ ही प्रशिक्षण दिया जाता है। और ऐसे बच्चों की संख्या का अनुमान तो हम लगा ही

नहीं सकते जो अपने माता-पिता के बीच का विवाद देखते हैं या उस हिंसा का शिकार बनते हैं जिसका लक्ष्य अधिकतर उनकी माँ होती है। विवाद का सामना जिस भी तरह से हुआ हो, अगर वयस्क विवादास्पद विषय पर बात करना चाहें तो बच्चे हमेशा रुचि लेते हैं और चर्चा के लिए तैयार रहते हैं।

ऐसे विषय पर बच्चों के साथ बात करने और वयस्कों के साथ बात करने में अंतर होता है। वयस्कों के साथ चर्चा में विवाद और शांति काफी थका देने वाले मुद्दे साबित हो सकते हैं। जैसे ही चर्चा शुरू होती है, वे अपना मत बना लेते हैं और अपनी बात को सिद्ध करने में पूरी जान लगा देते हैं। विमर्श का स्वरूप बार-बार बदलता है : एक तरफ शांतिपरक उद्भावनाएँ होती हैं जिनमें लगातार अतीत का हवाला दिया जाता है और दूसरी तरफ बारीकियों का एक जंगल होता है जिससे युद्ध न्यायसंगत लगने लगता है। जब बच्चे युद्ध और शांति पर चर्चा करते हैं, वे शान्त और सहज रहते हैं और तर्क की मजबूती के आधार पर पाला बदलते रहते हैं। मैंने पंद्रह साल के किशोरों को एक ही शाम में आधा दर्जन दफा अपना मत बदलते हुए देखा है। वयस्कों की नज़र से हम इसे अपरिपक्वता का संकेत मानते हैं, पर हम इसको मनाने के लिए दिए तर्क के सामने उभरे लचीलेपन के संकेत की तरह भी देख सकते हैं। बच्चे को यह याद दिलाना बिल्कुल व्यर्थ है कि उसने पंद्रह मिनट पहले क्या कहा था। बच्चे बड़े आराम से एक तर्क को तब तक विकसित होने देते हैं जब तक उसका एक समर्थक वर्ग नहीं बन जाता; और अगर वह समर्थक वर्ग आधे घंटे बाद बिखर जाए तो उन्हें कोई फर्क नहीं पड़ता। उनके संसार से पृथक अगर कोई वयस्क उनकी चर्चा को संचालित कर रहा हो तो उसे ऐसा लगेगा कि वे बहुरूपदर्शी के नीचे रखे चूड़ी के टुकड़ों की तरह व्यवहार कर रहे हैं। लेकिन अगर हम इस व्यवहार को बच्चों के परिप्रेक्ष्य से देखें तो वह कुछ इस तरह होगा कि एक पुरानी इमारत के आस-पास का नज़ारा उसकी असंख्य खिड़कियों से एक-एक करके लिया जाए, बिना सचेत हुए कि हर बार दृश्य कितना अलग लगता है।

एक वयस्क के रूप में आप चर्चा की दिशा को लेकर उलझन में

पड़ जाते हैं या भटकाव महसूस करते हैं, अगर आपका लक्ष्य था कि बच्चे विवाद को सुलझाने या शांति के प्रति उन्मुख हों तो चर्चा जैसे डाँवाडोल होती है, विचार हर दिशा में फैलते हैं और पूर्व-निश्चित दायरों से बाहर चले जाते हैं तो एक गवाह के रूप में आप इस दुविधा में पड़ जाते हैं कि कुछ हासिल हुआ भी कि नहीं। बावजूद इसके अगर आप चर्चा को पर्याप्त रूप से लंबा चलने दें तो विचारों और विकसित अंतर्दृष्टियों की प्रचुरता और विषय की थाह लेने के लिए इस्तेमाल किए गए रूपकों से आप प्रभावित और आश्वस्त होते हैं।

यह बात काफी हद तक बच्चों की लेखनी पर भी लागू होती है जो वे विवादास्पद मुद्दों पर करते हैं। जब मैं अपनी पिछली किताब, 'मेरा देश, तुम्हारा देश' पर काम कर रहा था तब मैंने लाहौर के नवीं कक्षा के कुछ बच्चों से भारत-पाकिस्तान विभाजन पर निबंध लिखवाए थे।[1] दिल्ली में पढ़ने वाले कक्षा नवीं के बच्चों से मैंने थोड़ी ज्यादा संख्या में उसी मुद्दे पर निबंध लिखवाए। मैं इस बात पर तुलनात्मक रूप से सोचना चाहता था कि दोनों ही देशों में आज के युवा अतीत को किस रूप में पुनःसृजित करते हैं। मैं यह देखने के लिए खास रूप से उत्सुक था कि वे 1947 से आज तक की समय-दूरी को कैसे देखते हैं और मैं यह देखकर बहुत ही प्रभावित हुआ कि भारत-पाक संबंधों पर विभाजन के असर पर उनके विचारों में बड़ी व्यापकता थी। मैंने अपनी उस किताब में उन निबंधों के विश्लेषण पर पूरा एक अध्याय लिखा लेकिन लाहौर की एक लड़की का लिखा हुआ निबंध मेरा ध्यान खींचता रहा और मैं अपने विश्लेषण से असंतुष्ट महसूस करता रहा। उसके निबंध में एक आत्मावलोकी प्रश्न था जिसकी गूँज की कई परतें थीं। लाहौर की एक किशोरी का पाकिस्तान के इतिहास के बारे में क्या दृष्टिकोण होगा, मैंने इस नज़र से उसके निबंध की कुछ परतों को खोलने का निश्चय किया। यह कहना कोई अतिशयोक्ति नहीं होगी कि इस प्रयास से पाठक को एक किशोर पाकिस्तानी के मन को समझने में मदद मिलेगी लेकिन यह कहना बात का सरलीकरण होगा कि इस गतिविधि से उस राष्ट्रीय मानस पर भी थोड़ा बहुत प्रकाश डाला जा सकता है जिसे आकार देने में शिक्षा समाजीकरण के दूसरे माध्यमों के साथ मिलकर

मदद करती है। केवल एक ही बच्चे के लेख से आधार सामग्री बनाना आलोचना का विषय बनाया जा सकता है।

हरेक राष्ट्र की अपनी आत्मा होती है, हेगल के इस सिद्धांत के अवशेष की तरह 'राष्ट्रीय' मानस का विचार अब प्रचलन में नहीं है, चाहे वह पूरी तरह अविश्वसनीय न बना हो। हेगल सही था या गलत, इस पर विवाद किया जा सकता है, लेकिन जब हम शिक्षा की आधुनिक व्यवस्थाओं को देखते हैं–और ये सारी राष्ट्रीय व्यवस्थाएँ हैं–तो पाते हैं कि वे ज्ञान और शिक्षा शास्त्रीय तरीकों के इस्तेमाल से एक राष्ट्रीय मानस रचती हैं।

हमें यह विचार लुभाता है कि भूमंडलीकरण के आज के दौर में राष्ट्रीय अस्मिताओं का ज़ोर कम हो रहा है। संचार साधनों की तकनीक में जो तरक्की हुई है, और खासकर नब्बे के दशक के मध्य से आम जनता के लिए इंटरनेट की उपलब्धता ने, इस बात को और बल दिया है कि राष्ट्रीय सीमाएँ अब उतनी मजबूत और प्रासंगिक नहीं रहीं। तीसरी दुनिया से पश्चिमी देशों में जाकर बसे पढ़े-लिखे लोगों की बड़ी संख्या से भी ऐसा बोध होता है। इस बोध की गलती को समझा जा सकता है, अगर हम यह पहचान लें कि संसार की महाशक्ति अमेरिका और सबसे बड़े उपनिवेशी साम्राज्य ब्रिटेन में राष्ट्रवाद ने कितना आक्रामक रूप ले लिया है। हम कह सकते हैं कि दोनों ही देशों में असहमति रखने वाली जनता है लेकिन इस सोच ने व्यापक स्तर पर स्वीकृति पा ली है कि इन देशों द्वारा इराक में लड़ा जा रहा युद्ध वैध कारणों पर आधारित है।

नब्बे के दशक के मध्य में सोवियत संघ के विघटन के बाद के दौर में अगर एक विचारधारा के रूप में राष्ट्रवाद का विकसित कहे जाने वाले देशों में पतन होता-सा लग रहा है तो हम 11 सितम्बर 2001 के बाद के दौर में उसके पुनः जागे जोरदार आवेश को अनदेखा नहीं कर सकते। संसार का सबसे शक्तिशाली देश अपने नागरिकों और दूसरों को बार-बार यह याद दिला रहा है कि उसने भौगोलिक रूप से बहुत दूर एक देश पर अनधिकार आक्रमण इसलिए किया क्योंकि उसे वहाँ अपने कुछ मुख्य राष्ट्रीय मूल्यों, जैसे स्वतंत्रता और लोकतंत्र, का प्रसार करना

है। ऐसे में राष्ट्रवाद को लुप्तप्राय ऐतिहासिक बल घोषित नहीं किया जा सकता। इन मूल्यों को 'सार्वभौमिक' या 'विश्वव्यापी' मूल्यों की तरह प्रक्षेपित किया जाता है ताकि उन राष्ट्रीय हितों पर पर्दा पड़ा रहे जो इराक में घुसपैठ करने से हो रहे हैं। इस नज़र से देखें तो, सार्वभौमीकरण धुएँ के पर्दे की तरह लगता है जो परिचित और सीमित राष्ट्रीय लाभों के लिए खड़ा किया गया है। भारतीय होने के नाते, हमें सार्वभौमीकरण एक ललचानेवाला किन्तु विरोधाभासी प्रस्ताव लगता है। यह इस बात का प्रस्ताव रखता है कि आर्थिक अवसरों और एक वैश्विक शक्ति के रूप में हमारी हैसियत को अंततः स्वीकार कर लिया जाएगा। पर साथ ही में हम कभी-कभी सार्वभौमीकरण के सांस्कृतिक चेहरे से घबराहट महसूस करते हैं। कई लोग यह दलील देते हैं कि सार्वभौमीकरण को एक सरीखा बनाने वाले बल के पीछे अमेरिका की चौधराहट की चाह है। इस तरह का विचार उसी तरह के सांस्कृतिक राष्ट्रवाद को उकसाता है-जिस पर पाकिस्तान की मांग आधारित थी।

यह एक व्यापक दृष्टिकोण है कि पाकिस्तान की अस्मिता कमज़ोर है, और यह कि एक आत्मनिर्भर राष्ट्र-राज्य के रूप में पाकिस्तान की दुर्बल राष्ट्रीय अस्मिता के कारण उसकी जीवन क्षमता को निरंतर एक खतरा है। यह सच है कि पाकिस्तानियों और अन्य लोगों के लिए पाकिस्तान की राष्ट्रीय अस्मिता चिंता का विषय नहीं है; और ठीक इसी कारण से वहाँ की शिक्षा नीति ने बच्चों को देश के राष्ट्रत्व में पक्का भरोसा करने के लिए समाजीकृत करने पर जोर दिया है। 'राष्ट्रीय मानस' का विचार हमें पाकिस्तान की सांस्कृतिक और शैक्षिक नीतियों के परिणामों को समझने की लुभावनी कसौटी देता है। प्रश्न यह है कि पाकिस्तान के राष्ट्रीय मानस का परीक्षण कैसे किया जाए। लाहौर की किशोरी के कथनों की कुतूहल उत्पन्न करने वाली गूंज का अध्ययन एक तरीका हो सकता है, भले वह अपर्याप्त हो। उस लड़की के निबंध में जिस वाक्य ने मेरी आँखें खोल दीं वह था कि जब वह लाहौर की सड़कों पर कूड़ा-करकट देखती है तो अचरज करती है कि क्या कायदे-आज़म ने पाकिस्तान इसीलिए बनाया था। यह कम से कम एक नाटकीय बिंदु तो है ही, क्योंकि इसमें गुस्से के अलावा चीजों पर सोचने

और प्रश्न करने का आत्मविश्वास भी दिखाई दे रहा है। मैं गुस्से के लिए काफी हद तक तैयार था, क्योंकि मुझे पता है कि पाकिस्तान के नागरिकों का बड़ा हिस्सा कई राजनीतिक और आर्थिक मुद्दों से परेशान रहता है। पाकिस्तान की तीन पत्रिकाओं-द फ्राइडे टाइम्स, द हैरल्ड और न्यूज़लाइन का एक अंक मैंने पिछले पाँच साल से सँभालकर रखा है। उस अंक में इस दुर्लभ मुद्दे पर चर्चा की गई थी। इसमें संपादक को भेजे गए अधिकतर पत्र चीजों पर क्रोध से भरे हुए नहीं थे। उस अंक के लेखों के लिए भी यही सच है, लेकिन उस किशोरी के कथन ने गुस्से को व्यक्त करने के लिए एक निराले संदर्भ का इस्तेमाल किया था। ज़िन्ना की उपलब्धियों को मापने के लिए महानगरीय सफाई का आधार मुझे बिल्कुल ही अप्रत्याशित लगा।

जब ज़िन्ना ने मुसलमानों के लिए अलग राष्ट्र का प्रस्ताव रखा और उसे प्रचारित किया तो निःसंदेह उनके पास एक दर्शन था कि वह क्या चाहते थे। स्वतंत्रता संघर्ष के अंतिम चरण में जिन्ना का दर्शन फैलकर राजनीतिक समझौतों के लिए एक रणनीति बन गया था, लेकिन उसमें अंत तक स्पष्टता के नाम पर भ्रम ही बना रहा, और वह भौगोलिक स्तर पर भी रहा। आज़ादी के दिवस का उनका भाषण संकेत करता है कि उन्होंने भारत से अलग नए राष्ट्र की कल्पना एक धर्मनिरपेक्ष रूप में की थी। पीछे मुड़ कर देखें तो उनका भाषण एक भ्रम-भ्रान्ति की अभिव्यक्ति की तरह लगता है—लेकिन जब वह दिया गया था तब वह ज़िन्ना के प्रशंसकों को उतना ही प्रेरणादायक और महान लगा होगा जितना कि भारत और अन्य देशों के लोगों को नेहरू का मध्यरात्रि में दिया भाषण लगा था। ज़िन्ना का पाकिस्तान का विचार उनकी 1934 की ब्रिटेन यात्रा के बाद विकसित हुआ। अपने राजनीतिक जीवन के इस अंतिम चरण में जिन्ना की सोच और रणनीतियाँ काफी हद तक कवि मोहम्मद इक़बाल से प्रभावित थीं, हालाँकि इक़बाल की 1938 में मृत्यु हो गई थी।

आज़ाद भारत में मुसलमानों के भविष्य को लेकर दोनों ही के मन में गंभीर संदेह थे। उनके व्यक्तित्व और सामर्थ्य में अंतर था लेकिन तीस के दशक के मध्य में इक़बाल ने ज़िन्ना को प्रेरित करने से कहीं ज्यादा,

प्रभावित किया। भौगोलिक सीमाओं वाले ऐसे देश का सपना दिखाने के बाद जहाँ इस्लामी राजतंत्र फल-फूल सकेगा, इक़बाल ज़िन्ना की राजनीतिक रुचियों को निरन्तर प्रभावित करते रहे और अंत में सफल भी हुए। अखंड भारतीय राष्ट्र की निरंतरता को लेकर इक़बाल के संदेह मूल रूप से दार्शनिक एवं राजनीतिक थे, लेकिन जिन्ना के संदेह भी उनके अपने व्यक्तिगत राजनीतिक अनुभव पर आधारित थे। ऐसा लगता है कि वह व्यक्तिगत क्रोध के साथ जिए एवं संघर्ष करते रहे और उन्होंने अपने गुस्से को तत्कालीन परिस्थितियों में राष्ट्रीय सपने में बदलने में सफलता पाई। क्या उस सपने में सफाई शामिल थी? शायद थी, लेकिन यह प्रश्न किसी का भी ध्यान स्वतंत्रता संघर्ष के दूसरे दार्शनिक, गाँधी, की तरफ ले जाएगा। उनके बारे में हमें पक्का पता है कि उन्होंने सार्वजनिक सफाई को एक लक्ष्य के अलावा भारत की स्वराज की तरफ प्रगति के एक विश्वसनीय संकेत की तरह देखा, जबकि उपनिवेशिक शासन से आज़ादी सिर्फ एक महत्त्वपूर्ण कदम थी।

पिछली शताब्दी में लिखी गई आधुनिक किताबों के बाज़ार में किसी की भी जीवन-गाथा के मुकाबले गाँधी की कथा में सफाई और स्वास्थ्य के मुद्दे कहीं ज्यादा मिलेंगे चाहे वह गाँधी की खुद की लिखी आत्मकथा हो या किसी और द्वारा लिखी गई हो। हालाँकि इसको अनादर मानने की भूल कई लोग कर सकते हैं, पर यह कहना सही ही होगा कि गाँधी सफाई को लेकर मनोग्रस्त थे, और हमें इसका कारण पता है। जीवन के शुरुआती दिनों में साफ-सफाई के मुद्दे उनके व्यक्तिगत प्रयास के मसले थे लेकिन बाद की सार्वजनिक सफाई की उनकी धुन तो निश्चय ही जाति प्रथा के बहिष्करण से जुड़ी हुई थी। गाँधी के आदर्शलोक में साफ-सफाई उतनी ही महत्त्वपूर्ण थी जितनी समानता और न्याय क्योंकि वह अस्पृश्यता और अपमार्जन को सबसे बड़े अन्याय की तरह देखते थे और इस जुड़ाव को गाँधी ने समय के साथ ही पहचाना था, क्योंकि 1909 में लिखी उनकी किताब 'हिन्द स्वराज' में उसका हल्का-फुल्का जिक्र भी नहीं मिलता।[2] सामुदायिक जीवन और आत्मनिर्भरता के प्रति गाँधी में जो प्रतिबद्धता महसूस होती है, सफाई और स्वास्थ्य की चिंता उसी का हिस्सा थी। इसका पता फीनिक्स और टॉलस्टाय फार्म के वृत्तांतों

से चलता है। ये फार्म उन्होंने दक्षिण अफ्रीका में स्थापित किए थे। हालाँकि उनके लिए सार्वजनिक सफाई एक राष्ट्रीय कार्यक्रम तीस के दशक में बना जब उन्होंने अंबेडकर पर जोर डाला कि वह 'अस्पृश्य' जातियों के लिए अलग से निर्वाचन क्षेत्र न माँगें बल्कि सामान्य श्रेणी में आरक्षित नियतांश से संतुष्ट हो जाएं। गाँधी की प्राथमिकताओं की सूची में हिंदू सामाजिक व्यवस्था का सुधार काफी ऊपर था, लेकिन उनके और अंबेडकर के बीच हुई 1932 की पूना संधि ने उनकी समझ पर निर्णायक प्रभाव डाला कि जाति-शोषण को कमज़ोर करने और सामाजिक परिवर्तन की कुंजी सार्वजनिक सफाई में ही थी।

क्या हम ऐसी भारतीय किशोरी की कल्पना कर सकते हैं जो सड़क पर कूड़ा देखकर कहेगी : 'क्या गाँधीजी ने भारत इसीलिए बनाया था'? कोई भारतीय किशोरी ऐसी टिप्पणी दे, इसकी संभावना बहुत ही कम है। इसके कई कारण मेरे दिमाग में आते हैं। एक बात तो है कि हालाँकि गाँधी की इज्ज़त की जाती है, उन्हें पूजा जाता है, उन्हें राष्ट्रपिता कहा जाता है लेकिन स्कूली वर्षों में बच्चों को गाँधी के जीवन और दर्शन से उतना परिचित नहीं कराया जाता जितना पाकिस्तान में जिन्ना से वहाँ के बच्चों को कराया जाता है। निश्चय ही राष्ट्रपिता के रूप में गाँधी की हैसियत मुख्यत: बतौर एक रूपक रही है क्योंकि ऐसा कोई भी मनोयोगी सार्वजनिक शैक्षिक प्रयास नहीं हुआ है जो गाँधी द्वारा पोषित आज़ाद भारत और उसके प्राचीन रूपों में विच्छिन्नता स्थापित करता। इसके उलट, सार्वजनिक शिक्षा तो प्राचीन समय से निरंतरता में विश्वास के प्रति प्रतिबद्ध रही है। गाँधी के राष्ट्रपिता होने का विचार अपना अधिकांश औचित्य आज़ादी के विचार से ग्रहण करता है। लेकिन इस सीमित संदर्भ में भी कुछ प्रतिस्पर्धी विचार आड़े आते हैं। भारत की आज़ादी के बिचार को प्राकृतिक अधिकार की प्रतिष्ठा प्राप्त थी, जिसको आज़ादी से बहुत पहले तिलक ने अभिव्यक्त किया था। राष्ट्रीय आंदोलन के नेताओं ने वे आदर्श सामने रखे जिनका आज़ादी के बाद अनुसरण किया जाना था पर उन आदर्शों पर एकमतता कभी हो नहीं पाई। कुछ नेताओं को लगा कि आज़ादी से एक ऐसे मौके की संभावना बनी जिसमें आदर्शों की क्षतिपूर्ति की जा सकती थी जो भारत ने प्राचीन समय में

हासिल कर लिये थे, लेकिन वे बाद में गवाँ दिए गए। दूसरों ने सोचा कि यूरोपीय पुनर्जागरण से जुड़े आधुनिकता के आदर्शों को अपनाने में भारत आज़ादी के बाद सक्षम हो जाएगा। एक तीसरी सोच थी जिसने नए लक्ष्यों की प्राप्ति के लिए आज़ादी को अवश्यंभावी बताया। इस सोच में ऐसे नए लक्ष्यों का विचार था जो भारत के अपने पारंपरिक आदर्शों से अलग थे और पश्चिम की प्रगति से जुड़े आदर्शों से भी अलग थे। इस तीसरे परिप्रेक्ष्य का सबसे अच्छा प्रतिनिधित्व गाँधी ने किया, जिनके आदर्शों के प्रति मिश्रित-सी प्रतिक्रिया रही और आज भी वे कुछ रहस्यमय लगते हैं, जबकि भारत के स्वाधीनता संघर्ष के नेता के रूप में उनकी महिमा आज़ादी के बाद भी निर्विवाद ही रही। अगर गाँधी के आदर्शों के आधार पर कोई भारत की प्रगति की समीक्षा करे तो वह जल्द ही गाँधी के अलावा उस भारत के लिए भी अन्यायपूर्ण लगने लगेगा जिसे तेजी से बदलते संसार में अपना स्वरूप लेते देखने के लिए गाँधी जिंदा नहीं रहे। आज़ाद भारत के राज्य ने अपने लक्ष्य विचार-विमर्श की लम्बी और जटिल प्रक्रिया से निकाले जिनमें गाँधी के कुछ आदर्शों को सम्मिलित किया गया, जबकि कुछ छूट गए या उन पर समझौता कर लिया गया। सार्वजनिक सफाई न तो राजनीतिक प्राथमिकता के रूप में उभर पाई और न ही एक सांस्कृतिक शैक्षिक चिंता की तरह।

पाकिस्तान की तरफ नज़र डालें तो जिन आदर्शों को उसने महत्त्व दिया उनकी प्राप्ति या अभिव्यक्ति की जरूरत नहीं थी। जिस आधार पर पाकिस्तान की मांग की गई थी वह इस बात का भय था कि हिन्दू प्रमुखता में इस्लाम के आदर्श शायद सलामत नहीं रह सकते। इस तरह से आज़ाद राष्ट्र के रूप में रहने के संघर्ष में इस्लाम पाकिस्तान के लिए प्रतीकात्मक स्रोत बन गया। यह तो एक तरह का पारिस्थितिक व्यंग्य ही था कि जो व्यक्ति पाकिस्तान का प्रतीक बना और जिसने उसके सृजन को अपरिहार्य बनाया, वही व्यक्ति पाकिस्तान के संदर्भ में आज़ादी और प्रगति के लिए यूरोपीय दृष्टिकोण का प्रतिनिधि था। हालाँकि पाकिस्तान के असली विकल्प–कि वह यूरोपीय देशों की तरह बनने की आकांक्षा रखता, शुरुआत में ब्रिटेन की धुंधली नकल बनकर या इस्लामी परंपराओं की सीमाओं के अंदर आधुनिकता का नया प्रतिरूप गढ़ता–लंबे समय

तक कायम रहे सार्वजनिक विवाद से सुलझे नहीं। ज़िन्ना के जीवन ने जितने समय के आधिकारिक नेतृत्व की आज्ञा दी वह उस विवाद के लिए काफी कम था। राष्ट्रवाद की धर्मनिरपेक्ष समझ जो उनको पसंद थी और जिसे उन्होंने आज़ादी के भाषण में अभिव्यक्त किया था, उसमें और मौलानाओं की रूढ़िवादी दृष्टि के बीच का अंतर्विरोध इतना बड़ा सिद्ध हुआ कि उसे पाटना संभव नहीं था। 1951 में लियाकत अली ख़ान की हत्या के बाद यह अंतर्विरोध बढ़ा और उससे राष्ट्र-निर्माण और भी दुष्कर होता चला गया।

एक दशक के अंदर ही, लोकतांत्रिक सोच-विचार की सीमित जगह सिकुड़ती चली गई और सैन्य बलों ने कब्ज़ा कर लिया। जिस तरह से ब्रिटिश साम्राज्यवादी राष्ट्र ने आज़ादी के बाद बने पश्चिमी पाकिस्तान वाले हिस्से में सैन्य शक्ति का विस्तार किया था, उसे ध्यान में रखें तो आज़ादी के बाद सेना का यह कब्ज़ा कोई अप्रत्याशित दुर्भाग्य नहीं था। पाकिस्तान के लिए जो आदर्श जिन्ना को पसंद थे वे सैन्य शासन में रहे राष्ट्र में कायम रहने के लिए बहुत ही बारीक या सूक्ष्म थे। इसके विपरीत, आदर्शों और मूल्यों के ढाँचे के रूप में इस्लाम का सांकेतिक मूल्य सभी प्रांतों और सामाजिक वर्गों को पता था। एक अव्यक्त और धार्मिक रूप से मार्गदर्शित अनिच्छुक आधुनिकता राष्ट्र की कारगर नीति बन गई। कार्य-व्यवस्था में राष्ट्र की निष्कपटता और जवाबदेही कम होती चली गयी और दबाव के कारण विश्वविद्यालय, अदालतें और प्रेस कमज़ोर होते गए। मगर इससे, पाकिस्तान के जन्म के सांकेतिक महत्त्व पर कोई फर्क नहीं पड़ा। बल्कि राष्ट्र जितना अपारदर्शी, भ्रष्ट और अनियंत्रित होता गया, पाकिस्तान का विचार उतना ही ज़्यादा प्रभावशाली होता गया। जैसे-जैसे नागरिक संस्थान असफल होते गए और रोजमर्रा की परेशानियाँ बढ़ती गईं, पाकिस्तान के मूल विचार की सांकेतिक मान्यता बढ़ती गई। जिस व्यक्ति ने पाकिस्तान का दर्शन दिया था और उसे सच्चाई में बदला था, वह खुद एक ऐसी प्रतिमा बन गया जिसके विचार और आस्थाएं सिर्फ विवरण के लायक रह गए। एक धार्मिक राज्य के वास्तुकार के रूप में ज़िन्ना की कमियों को पाकिस्तान के दूसरे प्रमुख चिंतक अल्लामा इक़बाल ने पूरा किया।

भारतवासियों के लिए यह आसान नहीं कि वह पाकिस्तान को किसी भी तरह के आदर्शवाद से जोड़कर देखें। हममें से कई लोगों को तो यह विचार हास्यास्पद लगता है। अगर उसे एकदम से गलत न भी कहें तो भी हम जिस सांस्कृतिक नज़रिये में ढल गए हैं उसके कारण ज़िन्ना हमें एक दृष्टा जैसे नहीं दिखाई देते। हमारी सामान्य धारणा हमें पाकिस्तान को एक रोग की तरह देखने के लिए मजबूर करती है। एक देश, जो ऐसे कारणों से जन्मा जो न विवेकशील थे, न अच्छे और जहाँ लोकतंत्र फल-फूल नहीं पाया। पाकिस्तान की तरफ हमें एक नकारात्मक मानसिकता उस इतिहास से विरासत में मिलती है जो हम बचपन से सीखते हैं और उस मानसिकता को सुधारने का कोई कारण नहीं ढूँढ़ पाते। इसके विपरीत हम उसको बढ़ावा देते हैं बच्चों को आधुनिक भारत का ऐसा इतिहास पढ़ाकर जो पाकिस्तान के इतिहास को न तो शामिल करता है और न ही तर्क पूर्ण ढंग से समझाता है। इसके अलावा, हम अपने आपको या बच्चों को पाकिस्तान के आज़ादी के बाद के इतिहास और सामयिक मुद्दों से परिचित कराने के प्रयास बहुत कम ही करते हैं। इस तरह हम अपने दिमाग में उस देश की आखिरी स्मृति में मानसिक आघात और हिंसा को बसाए रहते हैं। 1947, 1965, 1971 एवं 1999 में भड़क उठे युद्धों से यह नकारात्मक स्मृति और प्रबल हो गई है। जैसा कि किसी भी ऐसे देश के साथ होता है जो बार-बार एक ही दुश्मन से युद्ध लड़ता है, भारत ने ऐसा राष्ट्रीय मानस बना लिया है जिसमें पाकिस्तान की स्थिर छवि एक आक्रामक, अविश्वसनीय पड़ोसी की है। जनसंपर्क के साधनों, खासकर सिनेमा और टेलीविजन, ने इस छवि को देश के कोने-कोने तक फैलाया है, जिससे वह राष्ट्रीय लोकाचार का एक अभिन्न अंग बन गयी है। हालाँकि स्कूली शिक्षा सक्रिय रूप से इस छवि को बढ़ावा नहीं देती है-जबकि पाकिस्तान के स्कूल भारत की ठीक ऐसी ही छवि प्रसारित करते हैं—लेकिन फिर भी, स्कूल और कॉलेज शांति स्थापित करने की दृष्टि से इस दिशा में कुछ खास नहीं करते हैं। इसके अलावा, पाकिस्तान की इस छवि ने हर समूह के राजनीतिज्ञों के लिए भुनाने के लिए तैयार चैक की तरह काम किया है। इन्हीं कारणों से हमारे लिए यह संभव नहीं कि हम लाहौर की लड़की के निबंध में

छिपे आदर्शवाद को पहचान पाएँ।

और उसका गुस्सा? क्या हम उसके आदर्शवाद के मुकाबले कूड़े पर आए उसके गुस्से को पहचानने की बेहतर स्थिति में हैं? उसकी चिढ़ स्पष्ट रूप से पाकिस्तान में नगरीय जीवन की स्थिति की तरफ इशारा कर रही है। सड़क किनारे पड़ा कूड़ा तो सिर्फ इस बात का प्रत्यक्ष सूचक है कि राष्ट्र जिन्ना के समृद्ध और कुशल पाकिस्तान के सपने को साकार करने में असमर्थ रहा। एक निष्पक्ष भारतीय के मन में पाकिस्तानी किशोरी के गुस्से में वह गुस्सा गूँजना चाहिए जिसे भारत की सड़कों की स्थिति को देखकर अक्सर महसूस किया जाता है पर जो व्यक्त नहीं होता। नगरीय संस्थाओं पर रोष दिखाने के लिए, पर जो राज्य की रोजमर्रा की जिंदगी का चेहरा दिखाती हैं, पाकिस्तानी लड़की ने राष्ट्रमंदिर में उपलब्ध आदर्शवाद की सबसे ऊँची हस्ती को चुना। यह लड़की उन लोगों के प्रति अपनी निराशा दिखा रही है जिनके पास पाकिस्तान को चलाने की ताकत है। जब निराशा बहुत गहरी होती है तब वह गुस्से के लिए ज़रिये का काम करती है। यह एक सकारात्मक अभिव्यक्ति है, जो अस्वीकृति के कगार पर है और सनकीपन से बचने की इच्छा दिखा रही है। जब तक कसौटी के लिए ऊँचे मापदण्ड इस्तेमाल के लायक लगते रहते हैं, तब तक हम सनकीपन से सुरक्षित रहते हैं। भारतीय होने के नाते हम इस तरुणी के गुस्से के महत्त्व को शायद न पहचान पाएँ क्योंकि यह सनकीपन का सूचक नहीं है, बल्कि इसमें एक उम्मीद है कि कूड़ा इकट्ठा होने देने वाली नगरीय संस्थाओं को उस संघर्ष की याद दिलाकर शर्मिन्दा किया जा सकता है जो पाकिस्तान को बनाने के लिए जिन्ना ने किया था। हमारी शिक्षा, हमारा सांस्कृतिक स्वभाव और हमारे अनुभव हमें पाकिस्तान को एक लक्ष्यहीन चीज़ की तरह देखने के लिए बाध्य करते हैं। हम यह भी मानते हैं कि पाकिस्तान की परियोजना तो सफलता के लायक है ही नहीं। हम पूछते हैं कि क्या उसने 1971 में खंडित होकर और लोकतंत्र को पोषित करने में लगातार असफल रहकर अपनी अल्पकालिकता का प्रमाण दे नहीं दिया, उसकी आर्थिक निष्क्रियता और कर्ज में दबे होने की तो बात ही क्या करें। हमारे दिमाग की नकारात्मक छवि और पाकिस्तान के बारे में सीमित दृष्टिकोण का ठीक-ठाक सा

विश्लेषण हमें यह उम्मीद रखने में मदद देते हैं कि एक दिन पाकिस्तान का नामो-निशान मिट जाएगा। यह तो सभी दुश्मनों की आम सनकी कल्पना होती है। फर्क बस इतना है कि पाकिस्तान भारत को लेकर ऐसी कोई कल्पना नहीं कर सकता। एक दुश्मन के तौर पर पाकिस्तान की ज़्यादा से ज़्यादा कल्पना यही हो सकती है कि भविष्य में भारत के टुकड़े हो जाएं, जबकि भारत तो सच में संसार के मानचित्र की कल्पना बिना पाकिस्तान के कर सकता है, क्योंकि अगर वह विभाजित हो गया तो जो भी बचेगा वह पाकिस्तान कहलाने योग्य नहीं होगा।

मैं ऐसे बहुत ही कम भारतीयों से मिल पाया हूँ जिन्होंने यह सोचने में कुछ लम्हे बिताए हों, और मुझे इसका कोई लिखित ब्यौरा नहीं मिला है कि अगर पाकिस्तान के विघटन की कल्पना सच हो जाती है तो क्या होगा। एक आम-सी भावना है कि ऐसा होने से भारत का तर्क साबित हो जाएगा। हमें नहीं पता कि अगर पाकिस्तान सच में टूट जाता है तो उसका हम पर क्या असर पड़ेगा। 'क्या उससे भारत का कुछ भला होगा?' यह ऐसा ही सवाल है जो कभी पूछा नहीं जाता। केवल घरेलू बातचीत में ही नहीं बल्कि गंभीर सभाओं में भी पाकिस्तान के अंततः खण्डित होने और राष्ट्र के रूप में खत्म हो जाने की संभावना पर ऐसे खुशी ज़ाहिर की जाती है जैसे छोटे बच्चे करते हैं। हालाँकि यथार्थ में परिवर्तन की कल्पना से पैदा हुई प्रफुल्लता असली बच्चों को नहीं होती है। इस तरह के काल्पनिक समाधान से वयस्कों को मिलने वाली खुशी दिखाती है कि वे कितनी प्रबलता से पाकिस्तान की समस्या से नफरत करते हैं। भारत की एक समस्या के रूप में पाकिस्तान और भी कई तरह की प्रतिक्रियाएँ भड़काता है जिनको मणिशंकर अय्यर ने अपनी किताब *पाकिस्तान पेपर्स* में बहुत अच्छे ढंग से समझाया है।[3] निर्णायक समाधान जो कि पाकिस्तान के अन्दर से आ सकता है, उसको ज्यादा सस्ती लोकप्रियता मिलती है बनिस्बत उसके जो हम थोप सकते हैं। पाकिस्तान समस्या के बारे में अन्य समस्याएं तो अच्छे से पता ही हैं। एक है उस पर ध्यान न देते हुए अपना काम करते रहने की इच्छा; दूसरी है पाकिस्तान को जरूरत पड़े तो सैन्य बल द्वारा ठीक करने की। उसके अलावा एक और भी प्रतिक्रिया है कि पाकिस्तान को राजनयिक घेराव

में रखा जाए ताकि कई देश शायद उसे नापसंद करने लगें। ये सभी प्रतिक्रियाएं उसी मनोवैज्ञानिक जरूरत को थोड़ा-बहुत पूरा करतीं हैं जिसे पाकिस्तान के अंत की कल्पना संपूर्ण रूप से पूरा करती है। एक ऑटोरिक्शा चालक ने इस जरूरत को अविस्मरणीय रूप में व्यक्त किया था। जब कारगिल युद्ध चरम सीमा पर था, उसने पूछा था, 'हम पाकिस्तान को हमेशा के लिए खत्म क्यों नहीं कर देते? मैंने ध्यान दिया कि वह बहुत ही गुस्से से पड़ोस के एक पार्क को देख रहा था। जिस तरह राजनीतिज्ञ पाकिस्तान से युद्ध के बारे में बात करते हैं, उसमें कोई बुनियादी फर्क नहीं होता।

मैंने जब भी पाकिस्तान के प्रति नफरत के बारे में विद्यार्थियों के साथ चर्चा की है, अपेक्षित जवाबी प्रश्न ने मिनटों में उठने में कभी हार नहीं मानी है : 'क्या पाकिस्तानी लोग भारत से नफरत नहीं करते?' 'शांति-शिक्षा' के कोर्स में हमने निर्णय लिया कि इस विषय पर हम आम बातचीत से ज्यादा गहराई में जाएँगे। हमने नफरत का एक भावना के रूप में विश्लेषण किया और उसके कुछ आम लक्षणों को पहचाना। एक लक्षण था कि, प्यार की तरह नफरत भी पारस्परिक होती है। दूसरे जिस लक्षण पर चर्चा हुई वह था कि नफरत में प्रेरित करने की शक्ति ज्यादा होती है। नफरत, नफरत करने वाले को इस बात की प्रेरणा देती है कि वह नफरत को कायम रखने के लिए जरूरी शर्तें जुटाए रखे। ऐसी एक शर्त है 'दूसरों' के प्रति उदासीन बने रहना। इस शर्त के ज्यादा सक्रिय रूप हैं : दूसरे के बारे में बुरी खबर सुनने की इच्छा रखना, दूसरे से हिंसात्मक तरीकों से उलझने के मौके ढूँढ़ने की इच्छा रखना और इसके साथ उसे खत्म या नष्ट करने की नीयत रखना। मेरे किसी भी विद्यार्थी को इस बारे में कोई संदेह नहीं था कि पाकिस्तान में भी ऐसी इच्छाएँ आम हैं, पर वे इस बात से थोड़े आश्चर्यचकित थे कि भारत में भी ऐसी इच्छाएँ आम हो सकती हैं। इस परिप्रेक्ष्य से यह भी ठीक लग सकता है कि पाकिस्तान कितनी बुरी खबरों को जन्म देता है। जनरल ज़िया के समय औरतों, संस्कृति और शिक्षा की नीतियों में मध्यकालीनतावाद की तरफ जैसा घरेलू बदलाव आया, हममें से बहुत से भारतीय उसे लेकर चैन और संतोष महसूस करते है। यही बात अस्सी

के दशक के अंत से हिंसात्मक होते गए सांप्रदायिक मनमुटाव, कारगिल और अफगानिस्तान को लेकर उठाई गई शर्म तथा आतंकवादी संगठनों को शरण देकर पाकिस्तान को मिली अपकीर्ति पर लागू होती है। दोस्ती की इच्छा की निरंतर अभिव्यक्ति के अभाव में एकदिवसीय क्रिकेट और संगीत-संध्याओं के बावजूद बुरी खबर में मिलने वाली संतुष्टि नफरत के बीजों को पनपाती रहती है। अमेरिका में 11 सितंबर को हुए हमलों से मुसलमानों और इस्लाम के खिलाफ जिस तरह की भावनाओं को बढ़ावा मिला है, उनमें निहित राजनीति से भी घृणा के बीजों को पोषण मिलता है। जिन लोगों को कारण-बेकारण मुसलमान पसंद नहीं आते और इस्लाम में कुछ भी अच्छा नहीं लगता उन्हें पाकिस्तान में धर्म को लेकर हुई हरेक हत्या में एक उम्मीद की किरण दिखाई देती है। उन्हें पाकिस्तान की सड़कें साफ न रख पाने पर भड़के लाहौर की लड़की के गुस्से को उसके मतारोपण के रूप में खारिज करने लायक बना देती है।

एक सदाशय भारतीय फंतासी भी है, पर उसमें समाया भारत-पाक संबंधों में बदलाव का जो सपना वह देती है कुछ खास अलग नहीं है। कश्मीर में शांति के अंतरालों की अपेक्षाकृत दोस्ताना पलों में, हममें से कई लोग अचरज करते हैं कि भारत और पाकिस्तान दुबारा एक क्यों नहीं हो सकते। काल्पनिक समाधान के इस रूप में विभाजन एक बुरी स्मृति बन जाता है। यह भावना कि पाकिस्तान के साथ शांति उसके अलग अस्तित्व को गैर-जरूरी बना देगी, इतनी ताकत और आन्तरिक तर्क से लैस है कि यह हमें अपने आधार पर ध्यान देने ही नहीं देती। यह न तो पुनः मेल-मिलाप करने की इच्छा है, न ही युद्ध की घबराहट क्योंकि दोनों ही 'दूसरे' को ज़िंदा रखने पर निर्भर हैं। काल्पनिक शांति के क्षणों में अगर दूसरे का अस्तित्व अपने आत्म का हिस्सा बन जाता है तो वह स्वीकृति और दूसरे को अतीत में अलग होने के लिए माफ करने की तत्परता का मुद्दा नहीं बन पाता। गुत्थी के केंद्र में गहरे गड़ा लेकिन निरन्तर चलता आ रहा बँटवारे पर हमारा गुस्सा है और उसमें पर्याप्त औचित्य न देख पाने की हमारी असमर्थता है। कल्पना की इस मुद्रा में हम आज भी उन मुसलमानों से, जो अलग देश चाहते थे और पाने में सफल हुए कह रहे हैं : 'तुम इतनी दूर कैसे चले गए?' इस

प्रश्न का असली मतलब है कि 'क्या तुम देख नहीं सकते, जो तुमने किया वह मूर्खतापूर्ण था? क्या तुम्हें यह समझ नहीं आ रहा कि वह एक गलती थी? क्या तुम उसे सुधारना नहीं चाहते? कुछ मौके ऐसे होते हैं जब यह असल बात बिल्कुल सतह पर आ जाती है। जब पाकिस्तान का कोई अतिथि सार्वजनिक भाषण देता है तो उसके बाद की चर्चा अक्सर ऐसे प्रश्नों पर अटक जाती है, 'क्या आप को नहीं लगता कि बहुत से पाकिस्तानी भी विभाजन से नाखुश हैं?' या 'क्या भारत और पाकिस्तान के लिए यह अच्छा नहीं होगा कि वह पूर्व और पश्चिमी जर्मनी से कुछ सबक लें?' पशोपेश में पड़ा मेहमान यह नहीं समझ पाता किस वह कि हद तक रूखा होकर इन प्रश्नों को खारिज कर सकता है। दूसरी तरफ, प्रश्न पूछने वाले को यह नहीं पता चलता कि उसने यह पूछकर अतिथि को अड़चन में डाल दिया है या शर्मिन्दा किया है : 'क्या आपको नहीं लगता कि विभाजन एक गलती थी?'

हम भारतीयों को यह विश्वास करने में परशानी होती है कि ज्यादातर पाकिस्तानी विभाजन को लेकर आज भी खुश हैं, और बाकी उसमें कम से कम कुछ न कुछ औचित्य तो देखते ही हैं। हम अपनी सदाशय या हितकर कल्पना में सोचते हैं कि वे निरंकुश सैन्य शासन में जी रहे हैं, अतः अपने दिल की बात बता नहीं पाएँगे। या शायद उनका मत बलात् दबा दिया गया है। ऐसी मान्यताएँ हमें मदद करती हैं कि भारत की बहुलतावादी लोकतंत्र की परियोजना को हम पाकिस्तान को इस्लामी राष्ट्र बनाने की परियोजना से श्रेष्ठ मान पाएँ। मासूम फंतासी के इस क्षण में, पाकिस्तान का विचार या तो एक गलती लगता है या एक षड्यंत्र; लेकिन जब दोनों संभावनाएँ बराबर रूप से व्यवहार्य विकल्प बन जाती हैं, तो बहुलतावादी धर्मनिरपेक्षवाद और हिंदू राष्ट्रवाद का अंतर अपनी सार्थकता खो देता है। एक धर्मनिरपेक्ष बहुलतावादी के लिए, सैन्य शासन के अन्तर्गत पाकिस्तान का निर्माण और अस्तित्व एक दुखान्त घटना की तरह लगता है। ऐसा हिंदू राष्ट्रवादी को भी लगता है, लेकिन उसे ऐसा लगने में हिंदुओं के साथ जुड़ी कमज़ोरी के बारे में याद दिलाने से पैदा होने वाली अतिरिक्त कचोट भी होती है। हिंदू राष्ट्रवादी के दिमाग के लिए पाकिस्तान दोनों काम करता है, घृणा का विषय देने का और हिन्दू

पुनरुत्थान के लिए प्रेरणास्रोत बनने का, जो एक दिन भारत को 'हिन्दू पाकिस्तान' बना सकता है, जैसा कि एक बार जवाहरलाल नेहरू ने कहा था। यह एक विरोधाभासी भूमिका है क्योंकि इसकी जरूरत है कि पाकिस्तान का अलग अस्तित्व बना रहे जबकि यह सुझाव देती है कि भारत की अखण्डता के प्रति पाकिस्तान जो खतरा बनाए रखता है उसका समाधान उस देश के अंत में ही है। एक शत्रुतापूर्ण पाकिस्तान एक और प्रमाण देने के अलावा श्रृंखला की ताजी कड़ी बन जाता है जो पुनरुत्थानवादी हिन्दू मानस में मध्ययुग तक जाती है। यह कड़ी उस हद की याद दिलाती है जहाँ तक हिन्दुओं द्वारा शैतान के कारनामे बर्दाश्त करने का कोई औचित्य हो सकता है। फिर भी, इस प्रस्तावना में जो समाधान शांति देने लायक लगता है वह है कि पाकिस्तान अपनी परियोजना छोड़ दे, चाहे अनुभव से निकली स्व-जागरूकता के आधार पर स्वेच्छा से या जोर-जबरदस्ती से और फिर से भारत में मिल जाए।

विश्वास और व्यवहार के स्तर पर हिंदू पुनरुत्थान में हम कई रंगतों को पहचान सकते हैं। वे रंगतें एक व्यापक विचारधारात्मक घेरे में बसी हुई हैं, लेकिन वे अलग-अलग बिंदुओं की प्रतिनिधि हैं, जिनमें से कुछ बहुत ही नरम विचार की हैं और कुछ अतिवादी हैं। अतिवादी बिंदु पाकिस्तान पर एक कठोर दृष्टिकोण की मांग करता है, कि वह कैसे अस्तित्व में आया, उसका लक्ष्य क्या है, और वह भारत के साथ क्या कर सकता है। ऐसा लगता है कि इस मत में समाधान की कोई जगह नहीं है क्योंकि एक निर्णायक युद्ध अवश्यंभावी लगता है। दूसरी तरफ, नरमपंथी दृष्टिकोण में पाकिस्तान पर इस मत से समझौता करने की इच्छा है कि वह अनिवार्य रूप से ऐतिहासिक गलतियों की उत्पत्ति है, और यह एक जरूरी नहीं बल्कि सतर्क कदम होगा विभाजन के असर को खत्म करने का। इस लक्ष्य की प्राप्ति भारत की नियति को पूरा करने की शर्त की तरह देखी जाती है। इस मत के अनुसार, विभाजित भारत भूमंडलीय मंच पर अपनी नियत भूमिका नहीं निभा सकता। यह ध्यान देने लायक रोचक बात है कि पाकिस्तान के निर्माण में एक बड़ा कारक था नियति में विश्वास; आधिकारिक राष्ट्रीय स्मृति के अनुसार, पाकिस्तान की एक राष्ट्र बनने की नियति को सबसे पहले सैयद अहमद

ख़ान ने सौ से ज्यादा साल पहले भाँप लिया था। भारत की भी एक नियति है, जिसके लिए भारत और पाकिस्तान के पुनर्मिलन की जरूरत है और इसीलिए हिन्दू पुनरुत्थानवाद के एक वर्ष संस्करण की भी पाकिस्तान की विचारधारा से भिड़ंत हो जाती है और शांति की तरफ उठा कोई भी कदम एक युक्ति बनकर रह जाता है। यह आश्चर्यजनक नहीं है, फिर भी, पाकिस्तानी राष्ट्र-राज्य हिंदू पुनरुत्थानवादी नेताओं के साथ शांति के समझौते करते हुए बहुत आराम महसूस करता है जैसा कि भारतीय जनता पार्टी के नेतृत्व वाली सरकार के दौरान हुई शांति-वार्ताओं की सफलता से साफ जाहिर था। पाकिस्तानी राज्य दरअसल भारत की धर्मनिरपेक्ष पार्टियों के साथ उलझन महसूस करता है, क्योंकि वे पाकिस्तान की भारत के बारे में बनी हुई आधिकारिक अवधारणा को गुंजरित नहीं करता।

पाकिस्तान की कल्पना का मासूम रूप आत्मसंदेह के क्षणों में देखा जा सकता है, खासकर किशोरों में जो उस अतीत के उत्तराधिकारी बनने के कारण अनावश्यक रूप से भारग्रस्त महसूस करते हैं जिसे वे पूरी तरह समझते नहीं। पाकिस्तानी नागरिकता में उनका समाजीकरण अपर्याप्त साबित होता है। पहला, वे पाकिस्तान की राष्ट्र-निर्माण की परियोजना को लेकर अनिश्चित महसूस करते हैं, और दूसरा वे अपने आपको अपने भारतीय हमउम्रों से बहुत अलग नहीं पाते हैं। भारत और अन्य देशों की यात्राओं पर जब वे जाते हैं, तभी ऐसी अनिश्चिताएँ भड़कती हैं। वे कल्पना करते हैं, और अक्सर यह कहने के लिए सबूत ढूँढ़ लेते हैं कि पाकिस्तान के प्रति आधिकारिक भारतीय मत को लेकर भारत के किशोरों में संदेह है। उनको लगता है कि धीरे-धीरे भारत पाकिस्तान के प्रति अपना मत बदल लेगा और कश्मीर पर उसके दृष्टिकोण को समझेगा। अपर्याप्त रूप से सुसंस्कृत किशोरों को भी लगता है कि कश्मीर के मामले में उनके देश के साथ धोखा हुआ है। कश्मीर मुद्दे को लेकर पाकिस्तानी दिमाग में हमारी कल्पना से कहीं ज्यादा गहरी जकड़न है। यह तथ्य कि पाकिस्तान मुसलमान बहुल है, इस धारणा को बनाने में योगदान देता है कि उदारवादी और शान्तिवादी पाकिस्तानी लोग भी कश्मीर मुद्दे पर इस सरकारी दृष्टिकोण से सहमत हैं। वे इस भारतीय

मत से खुश नहीं रहते कि कश्मीर की हिंसा के पीछे पाकिस्तान का हाथ है। वे इस सरकारी सोच का समर्थन करते हैं कि कश्मीर के मुसलमानों ने भारत के खिलाफ जो संघर्ष छेड़ा है, पाकिस्तान सिर्फ उसका समर्थन कर रहा है।

जाहिर है उनको पता ही नहीं है, न ही उनके पास इस पर गहराई से सोचने के मौके आते हैं कि कश्मीर में आतंकवाद को लेकर भारत में कितना दुख और गुस्सा है, न ही इस बात पर कि आतंकवाद पाकिस्तान की कश्मीर को भारत के हाथों से छीनने की निर्दयी इच्छा और भारत में व्यापक सिविल फूट भड़काने की शैतानी तमन्ना के सबूत की तरह लिया जाता है। निश्चय ही, पाकिस्तानियों को पता नहीं है कि भारतीय लोग पाकिस्तान के बारे में कितना कम जानते हैं, खासकर बच्चे तो इस बारे में बहुत ही कम जानते हैं कि कश्मीर में आतंकवाद को ज़िया-उल-हक के शासन के दौरान अमल में आई नीतियों से बढ़ावा मिला। ज़िया के ग्यारह साल के शासन के दौरान पाकिस्तान में जो भी हुआ वह पाकिस्तान के बारे में भारतीय लोगों की अनुभूति और आज की पाकिस्तान की स्वयं अपनी छवि, दोनों के लिए अप्रासंगिक रहता है। उस शासन ने सक्रिय रूप से जवान, बलिष्ठ शरीर वाले पुरुषों को जेहादी बनने के लिए उत्प्रेरित किया और सोवियत-विरोधी, अफगानिस्तान के खिलाफ अमेरिका से समर्थित सिविल जंग के लिए प्रशिक्षित किया, ताकि वह अपनी वैधता कायम रख सके। यह सब विशेषज्ञों को पता है लेकिन पाकिस्तान के एक कठपुतली राज के रूप में स्खलन के एक कारक के बतौर चर्चा का विषय बहुत कम बनता है। उत्तर सोवियत-युग में कश्मीर में बढ़े आतंकवाद को समझाने के लिए भी इस समझ का इस्तेमाल नहीं किया जाता। अफगानिस्तान में मुजाहिदिन को मिले अमेरिका के समर्थन से ज़िया शासन की सिविल-सैन्य व्यवस्था को मिले राजनीतिक और वित्तीय फायदों को पाकिस्तान के घरेलू तथ्यों की तरह देखा जाता है। बिना इन तथ्यों के, जिन्हें घरेलू मान लिया जाता है, भारत-पाक विवाद का हमारे देश का विमर्श यह मान लेता है कि अस्सी के दशक के उत्तरार्ध में पाकिस्तान ने कश्मीर में जो भी अनिष्टकारी काम किए उनमें पूरे राष्ट्र की सहमति थी। पाकिस्तानी समाज के बारे

में भारत में जो आम अज्ञान है, खासकर उसकी जातीय विविधता और विचारों की बहुलता की व्यापकता के बारे में, उसके कारण कश्मीर में पाकिस्तान-समर्थित आतंकवाद को एकीकृत राष्ट्रीय संकल्प की तरह थोपा जाता है। वह भारतीय मन में हरेक पाकिस्तानी को एक अनिष्टकारी व्यक्ति बना देने में सफल हो जाता है। इस अनुभूति में बसी मनोदशा की बनावट मुसलमानों के बारे में इस रूढ़िवादी धारणा से और बढ़ जाती है कि वे देशद्रोही हैं जो एक बार भारत को विभाजित कर चुके हैं और दुबारा भी कर सकते हैं उसी तरह हिंदुओं के बारे में इस रूढ़िबद्ध धारणा को, कि वे धूर्त और अन्यायी लोग हैं, पाकिस्तान में शिक्षा के द्वारा सक्रिय रूप से बढ़ावा मिला है; इसके कारण पाकिस्तानियों के लिए यह सोच पाना मुश्किल हो जाता है कि कश्मीर में पाकिस्तान की भूमिका को लेकर भारत इतना कटु क्यों है। ज़िया के शासन के दौरान अमल की गई नीतियों के बारे में प्रचलित जागरूकता की कमी भारत की अनुभूति को और ज्यादा अबोधगम्य बना देती है। यह सही है कि संभ्रांत बुद्धिजीवी लोग अब ज़िया से नफरत करने लगे हैं और बड़े आराम से भूल गए हैं कि उसने वह सब अकेले नहीं किया था। इस्लामाबाद में उसकी मज़ार पर आज भी रोज़ लोगों की भीड़ उमड़ती है।

यह कल्पना करना असंभव नहीं है कि एक के बाद एक सैन्य शासनों में रहने के कारण पाकिस्तान में एक समाज के रूप में जो हुआ है, उसके ज्ञान से भारत में शांतिपूर्ण समझ की थोड़ी बेहतर स्थिति बन सकती है। पाकिस्तान में भी, अस्सी के दशक में घरेलू व्यवस्था और विदेशी संबंधों में हुए पतन के बारे में सिर्फ संभ्रात वर्ग के एक हिस्से को ही पता है। संस्कृति और शिक्षा के मुद्दों में ज़िया के शासन द्वारा अपनाई गई इस्लामीकरण की नीति के कारण असैनिक नागरिकता के लिए उपलब्ध जगह बहुत सिकुड़ गई। वह जगह तो खैर शुरू में भी कम ही थी, क्योंकि शिक्षा का प्रसार बहुत ही धीमा और अक्षम रहा और सांस्कृतिक रूप से विविध समाज को एक सजातीय ढाँचे के रूप में बाँधने में मुश्किलें आईं। इस्लामी राष्ट्र के रूप में पाकिस्तान की विचारधारा के प्रसार के द्वारा सजातीयता अर्जित करने के लिए शिक्षा को एक मुख्य साधन के रूप में देखा गया। अंग्रेजी इस्तेमाल करने वाले

संभ्रांत वर्ग और उन मौलानाओं के बीच जिनकी बच्चों की शिक्षा की भूमिका संबंधी सोच की जड़ें इस्लामी परंपरा में थीं, शिक्षा नीति को लेकर तीखा विवाद शुरू में ही उठ गया था। सत्तर के दशक के पूर्वार्ध में भुट्टो के नेतृत्व में धर्मनिरपेक्ष शासन की उम्मीद के क्षीण होने से यह विवाद और भी तीखा हो गया। अंग्रेजी-शिक्षा पाए संभ्रांत वर्ग ने मौलानाओं और जमात-ए-इस्लामी जैसी संस्थाओं की बढ़ती ताकत की तरफ एक समझौतावादी मुद्रा ले ली। अन्य उत्तर-उपनिवेशिक संभ्रांत लोगों की तरह, उन्होंने रूढ़िवादी ताकतों की मांगों को रास्ता देने में भलाई समझी, और भूमंडलीय संपर्कों के साथ अपने मोर्चाबंद स्थानीय अस्तित्व एवं विकास के जरियों को बनाए रखा। जितना वे समझौता करते गए, सामाजिक ताकतों की मांग करने की क्षमता बढ़ती गई। 1977 में भुट्टो के शासन के अंत के बाद नागरिक आज़ादी और उदारतावादी संभावनाओं की क्षति की गति नाटकीय ढंग से बढ़ी। पाकिस्तानी मुद्दों में विदेशी भागीदारी तो चल ही रही थी, लेकिन अफगानिस्तान पर सोवियत आक्रमण से अमेरिका को मौका मिल गया जिसे उसने एक निर्लज्ज वास्तविकता बना दिया जिससे मुजाहिदीन को सैन्य, आर्थिक और शैक्षिक मदद मिलने के लिए पाकिस्तान का सक्रिय इस्तेमाल संभव हो सका। सोवियत-विरोधी पाठ्यपुस्तकें बनाने के लिए नेब्रास्का विश्वविद्यालय से मिली विशेषज्ञों की मदद उन लोगों के लिए एक महत्त्वपूर्ण उदाहरण प्रस्तुत करती है जो यह नापने में रुचि रखते हैं कि किस हद तक शिक्षा को वैचारिक उद्देश्यों के लिए इस्तेमाल किया जा सकता है।

9/11 के बाद अफगानिस्तान में अमेरिका की भूमिका की तरफ बलात् मौन सहमति के बाद शुरू हुए सुधार की प्रक्रिया में पाकिस्तान की नागरिक ताकतों ने कुछ सफलता पाई है, पर पाकिस्तान ने जो कश्मीर में किया है उसको लेकर गहरी जागरूकता लाने के लिए तो वह कतई पर्याप्त नहीं है। विचारों के आदान-प्रदान से भारत की इस बारे में जागरूकता में परिवर्तन की बात तो छोड़ ही दीजिए कि नागरिक जरूरतों की तरफ एक संवेदनशील राष्ट्र के रूप में पाकिस्तान का दुखद अशक्तिकरण हुआ है। पाकिस्तान की युवा पीढ़ी को जो पता है और बहुत कुछ जो नहीं पता है उसके एहसास से परेशानी और उलझन ज़रूर

होती है। कैसे इन दो देशों ने विभाजन के बाद से परमाणु असुरक्षा की यात्रा तय की है, यह पाकिस्तानी किशोरों के लिए तो एक बड़ा रहस्य है ही, उनके भारतीय हमउम्रों के लिए भी है। भारत की नीयत के बारे में जो प्रचार पाकिस्तानी बच्चे सुनते हैं वह उन्हें पाकिस्तान के परमाणु बमों के स्वामित्व को सुरक्षा के साधन की तरह देखने के लिए बाध्य करता है हालाँकि सुरक्षा का यह माध्यम उन्हें पर्याप्त नहीं लगता है। एक विद्यार्थी ने मुझसे लाहौर में पूछा था कि अगर भारत को पाकिस्तान से डर नहीं लगता तो उसे परमाणु बमों की क्या जरूरत है। यह पूछ कर उसने अपने इस तर्क पर बल दिया था कि पाकिस्तान को भारत से खतरा है, इसीलिए उसे परमाणु बम चाहिए। भारत का डर बरकरार है, और वह उस ऐतिहासिक असुरक्षा को पुनः बढ़ावा देता है जो उत्तर भारत के कुछ हिस्सों में मुसलमान संभ्रांत वर्ग ने विभाजन के पहले वाले दशक में महसूस की थी।

3

अनुभूतियों में बसा इतिहास

दिसंबर 2000 में छपे एक साक्षात्कार में भोपाल की बेगम, स्वर्गीय राजकुमारी आबिदा सुल्तान, जो 1949 में पाकिस्तान चली गई थीं, ने कहा :

'भारत और पाकिस्तान के बीच में तनाव उनके अतीत के कारण है। मुसलमान इस उपमहाद्वीप में विदेशियों की तरह आए थे और स्थानीय हिंदुओं ने उन्हें स्वीकारा था। लेकिन मुसलमानों ने उनकी जन्मभूमि को बाँटकर उनका कर्जा चुकाया। मैं इसे मुसलमानों द्वारा किया गया गुनाह मानती हूँ, कारण चाहे कोई भी रहा हो। मेरी समझ में इन दोनों में तनाव का मुख्य कारण यही है।'[1]

अगर मैंने यह साक्षात्कार एक पाकिस्तानी पत्रिका में छपा हुआ देखा नहीं होता या यह विचार किसी हिंदू ने व्यक्त किया होता तो मुझे इस उद्धरण में कुछ भी महत्त्वपूर्ण नहीं लगता। यहाँ हमारे उद्देश्य की खातिर यह अच्छा ही है कि यह बात एक मुसलमान ने रखी, एक ऐसी महिला ने जो वरिष्ठ हैं और इतनी सुरक्षित भी कि जो उन्हें सही लगता है उसे बोल भी पाएँ। उनसे असहमत होना तो संभव है ही, यह भी कहा जा सकता है कि वह पुराने ख्यालों की हैं, सनकी हैं या सांप्रदायिक हैं। उनके व्यक्तित्व में या जैसा जीवन उन्होंने जिया उसमें उनके विचारों का तर्क ढूँढना भी शुरू किया जा सकता है। ये सभी प्रतिक्रियाएं वैध होंगी, और हो सकता है कि इनसे हम उनके विचारों को खारिज करने में सक्षम हो जाएँ। उनके विचारों को खारिज करने का सबसे वैध तरीका शायद यह कहना होगा कि वह आम मुसलमान मत का प्रतिनिधित्व नहीं करती हैं। जहाँ तक संभावना है, नहीं ही करतीं, लेकिन एक विचित्र अर्थ में

क्या वह एक आम हिंदू मत का प्रतिनिधित्व नहीं करतीं? इस प्रश्न का उत्तर यदि थोड़ा भी सकारात्मक है तो हमें यह तर्क रखने की अच्छी तैयारी कर लेनी चाहिए कि अतीत के बारे में, एक *आम हिंदू विचार* जैसी कोई चीज है भी या नहीं, खासकर हिंदू-मुसलमान संबंधों और विभाजन को लेकर। अगर है, तो शायद भोपाल की बेगम ने पाकिस्तान जाने से पहले बीते भारत में अपने जीवन के दौरान या दिमाग में यह जागरूकता आने से पहले कि उपमहाद्वीप में क्या हो रहा था, उस आम हिन्दू विचार को आत्मसात कर लिया था।

इसी साक्षात्कार में उनसे पूछा गया कि क्या उन्हें भारत छोड़ने का कोई मलाल था, क्योंकि पाकिस्तान तो अपने संस्थापक के दर्शन से निकली राह छोड़ चुका था। उन्होंने बताया कि उन्हें कोई मलाल नहीं था, क्योंकि उन्हें और पाकिस्तान जानेवाले अन्य राजे-रजवाड़ों के शासकों को भारत में रुकनेवाले शासकों के मुकाबले ज्यादा इ़ज्जत और मान्यता मिली। उन्होंने जोड़ा : "बाद में जो भी हुआ उसका देशान्तरण और पाकिस्तान के निर्माण से कोई लेना-देना नहीं है।" अपनी बात का समापन उन्होंने विभाजन को लेकर अपनी परिकल्पना देकर किया। उन्होंने कहा कि जिन्ना तो विभाजन चाहते ही नहीं थे; वह सिर्फ मुसलमानों के अधिकारों की सुरक्षा चाहते थे : 'अगर मुसलमान-बहुल प्रान्तों को स्वायत्तता मिल जाती तो वह संतुष्ट हो जाते'। अपनी इस परिकल्पना की पुष्टि के लिए उन्होंने कहा : "मैं ऐसा इसीलिए कह रही हूँ क्योंकि मैं ऐसे एक से ज्यादा मौकों पर मौजूद थी जब कायदे-ए-आज़म और मेरे पिता ने मुसलमानों के सामने पेश आए सवालों पर चर्चा की थी।" इसके बाद उनका यह निष्कर्ष आया : "कायदे-ए-आज़म ने विभाजन के विचार को अपने आखिरी उपाय की तरह स्वीकार किया था।"

मुसलमानों का समुच्चयीकरण करने के लिए हम बड़ी आसानी से भोपाल की बेगम की आलोचना कर सकते हैं। साथ ही, हम उनकी बातों के विरोधाभास को भी देख सकते हैं कि एक तरफ उन्होंने विभाजन को मुसलमानों का अपराध बताया और दूसरी तरफ इस पर ज़ोर दिया कि ज़िन्ना ने विभाजन को आखिरी उपाय की तरह देखा, जिससे लगता

है वह कुछ अनिच्छा से किया गया गुनाह था। बेगम के साक्षात्कार का उद्धरण देने का मकसद यह नहीं है कि विभाजन की उनकी विवेचना की वैधता पर लंबी जांच की जाए। विभाजन को लेकर एक बड़ी संख्या में परिकल्पनाएँ रची गई हैं और निरंतर नई परिकल्पनाएँ आ रही हैं। जैसा कि होता है, बेगम की परिकल्पना की गूँज हाल की कई अच्छी रचनाओं में भी सुनाई देती है। मगर मुझे उनके तर्क में कोई रुचि नहीं है, बल्कि उनकी इस क्षमता में है कि वह अपनी ज़िंदगी के एक बड़े निर्णय को इतिहास की दिशा से अलग करके देख पाईं। उनके कथन को इंसानी अनुभव के आम लेखन की तरह पढ़ा जा सकता है। सच को एक तरफ रखकर सिर्फ सच की खातिर जाँचे जाने के लिए, जो बीत चुका उसके साथ जीने के लिए लोग हर संभव कोशिश करते हैं। वे ज़िंदगी जीते जाते हैं जबकि उन्हें निर्देशित करनेवाली ताकतें गलत और गैरज़िम्मेदार लगती रहती हैं। भारत और पाकिस्तान के बीच में चिरस्थायी तनाव के लिए बेगम द्वारा दिया कारण असाध्य की श्रेणी में आता है, जिस हद तक उसका संबंध एक ऐसी घटना से है जिसके लिए कभी सीधा प्रयास नहीं किया गया, वह फिर भी घटी, और इतना यकीन पैदा करने वाली ताकत के साथ घटी कि उन्होंने उससे निर्देशित होना स्वीकार किया। यह कल्पना करना युक्तिसंगत है कि 1949 में जब उन्होंने भारत छोड़ा, कोई भी यह प्रत्याशा नहीं कर सकता था कि आनेवाले पचास सालों में भारत और पाकिस्तान एक दूसरे के प्रति इतने शत्रुतापूर्ण रहेंगे। वर्ष 2000 में इस शत्रुता के पीछे दिया गया स्पष्टीकरण 1949 में नहीं समझा जा सकता था, नहीं तो यह एहसास कि विभाजन मुसलमानों द्वारा किया एक गुनाह था, उनके भारत छोड़ने के फैसले को प्रभावित करता और शायद उसे उलट देता। हालाँकि यह सच है कि कोई जागरूक एहसास किसी निर्णय की उपेक्षा करने के लिए प्रायः पर्याप्त नहीं होता है। गौर करने लायक बात यहाँ यह है कि विभाजन हो जाने के बाद हिंदू उसे कैसे लेंगे यह ध्यान भी 1949 में अनिवार्य रूप से उपलब्ध नहीं था।

यहाँ अपने आपको यह याद दिलाना उपयोगी रहेगा कि विभाजन के भविष्य को लेकर यह पूर्वदृष्टि कम ही लोगों के पास थी कि वह इतना दुखद, महंगा और असाध्य होगा। नेहरू और ज़िन्ना जैसे नेताओं के

अलावा कई लोगों के पास यह विश्वास करने के कारण थे कि समय के साथ सब ठीक हो जाएगा। 1952 में जब दोनों देशों के बीच पहला क्रिकेट मैच हुआ, अगर उस के हिसाब से चलें तो हम कह सकते हैं कि चीजें कुछ जल्दी ही सुधर भी गई थीं। यह तर्क दिया जाता है कि जिन्ना इस बात को लेकर पूरी तरह सचेत नहीं थे कि विभाजन के निहितार्थ कहाँ तक जाएँगे। यह इक़बाल पर तो और भी स्पष्ट रूप से लागू होगा, जिनको लेकर माना जाता है कि उन्होंने दूसरों को विभाजन का सपना देखने के लिए प्रेरित किया, लेकिन उसे होता देखने के लिए ज़िंदा नहीं रहे। जब विभाजन हो गया था, उसके बाद भी कई नेता और विद्वान सोचते रहे कि पाकिस्तान टूट जाएगा। इस तरह से सोचनेवाले कुछ लोगों को 1971 में बांग्लादेश के बनने पर लगा जैसे उनकी बात सही निकली, हालाँकि उनमें से कुछ ही ने यह समझाने का प्रयास किया कि क्यों पाकिस्तान के मुकाबले बांग्लादेश के पास अस्तित्व के बेहतर कारण हैं और भारत से उसके संबंध नाटकीय रूप से दोस्ताना क्यों नहीं हैं। यह विचार आज भी प्रचलित है कि पाकिस्तान में जो भी बचा है वह भी कायम नहीं रह पाएगा। जब वह टूट जाएगा तो दरअसल होगा क्या, यह कभी भी स्पष्ट नहीं हुआ, लेकिन समस्याओं का यह निष्कर्षीय अंत शांति-प्रेमियों की एक खास श्रेणी की कल्पना को आज भी लुभाता है। हम इस विषय पर लौटेंगे; अभी के लिए इस बात पर ध्यान देना काफी है कि भारतीय राष्ट्रीय मानस में विभाजन एक ताज़ा घाव की तरह रहा है और बिल्कुल यही भोपाल की बेगम ने दोनों देशों के बीच तनाव के अपने स्पष्टीकरण में कहा था।

हम अब विश्लेषण के उस धुँधले हिस्से में पहुँच चुके हैं जहाँ अनुभूतियाँ और उन्हें आकार देने वाले चौखटों का तथ्यों या विचारों से ज्यादा महत्त्व होता है। इस किस्म के रास्ते की तर्कशील छानबीन विरोधाभासी माँगें करती है, जैसे विश्लेषणात्मक लेखन में स्वीकार्य विमर्श के परे जाने का उतावलापन और साथ में यह खासा एहसास कि सीमा के उल्लंघन से इस गतिविधि के उद्देश्य की पराजय होगी, या कम से कम उसे क्षति तो पहुँचेगी ही। 'हिंदू' शब्द का इस्तेमाल इस तरह के विरोधाभास का सबसे उपयुक्त उदाहरण है। आबिदा सुल्तान ने इसका

इस्तेमाल स्थानीय जनता के विवरण के लिए किया जिसने उन मुसलमानों को 'स्वीकार' किया था 'जो इस उपमहाद्वीप में विदेशियों की तरह आए थे'। अगर हम मान लेते हैं कि आम लोग–यानि वे इतिहासकार और विद्वान नहीं हैं–इसी तरह से सोचते और बोलते हैं तो हम बेगम की बात का कुछ लाभ ले सकते हैं। अगर दूसरी तरफ, हम 'स्थानीय जनता' के सामूहिक अंकन के लिए उनके द्वारा इस्तेमाल 'हिंदू' शब्द पर आपत्ति उठाते हैं तो हम उन परछाइयों में अनायास प्रवेश कर जाते हैं जिनको तितर-बितर करने के लिए हम यह विश्लेषण कर रहे हैं। जिस समय हमलावर वर्तमान में भारत-पाकिस्तान कहे जानेवाली जमीन पर उत्तर-पश्चिम से आए थे उस समय के निवासियों की बात करने के लिए अगर हम 'हिंदू' शब्द का इस्तेमाल करें तो प्रश्न उठता है कि; क्या उनकी हिंदुओं के रूप में सामूहिक स्व-अस्मिता थी? ठीक इसी तरह, 'विदेशी' शब्द का इस्तेमाल हमें यह पूछने के लिए बाध्य करता है कि पहली ईसवीं सहस्राब्दी में विदेशीपन के साथ क्या अर्थ जुड़े हुए थे। आबिदा सुल्तान और अन्य बहुत सारे लोग जो हिंदू-मुसलमान और भारत-पाक संबंधों को अतीत के इन कालदोषी ढाँचों में रखकर सोचते हैं, उनके लिए 'हिंदू' और 'विदेशी' वर्तमान और हाल के अतीत को समझने के लिए कोटियों के रूप में काफी सार्थक हैं। हम बड़े विश्वास के साथ पूछ सकते हैं कि इन शब्दों ने यह सार्थकता कैसे पाई? क्या यह संदर्भ जिसमें आधुनिक संसार के राष्ट्र-राज्य काम कर रहे हैं उस संदर्भ से बिल्कुल अलग नहीं है जिसमें प्राचीन या मध्यकालीन समाज एक दूसरे से संबंध बनाते थे? अगर हम इस दिशा में सोचें तो हम पहचान पाएँगे कि अतीत को देखने का बेगम का तरीका काफी अनैतिहासिक है; वह कमज़ोर शिक्षा और इस समझ की कमी का सूचक है कि स्पष्ट मामलों पर अमूर्त श्रेणियाँ लागू करने से बचना चाहिए।

फिर भी उनकी बात को कुछ वैधता तो देनी होगी। वह अतीत को देखने के कुछ प्रचलित तरीके दिखाती है जिनमें अतीत सामूहिक रूप से स्वीकारे गए अनुभव और स्मृति के एक ठोस ढेर की तरह होता है। प्रचलित कल्पना का यही अनाधिकृत इतिहासलेखन बेगम के तर्क की व्याख्या-बल्कि उसका प्रतिनिधित्व-कुछ गहराई से करता है। इसमें तो

कोई संदेह नहीं किया जा सकता कि लोकमानस में विभाजन ने एक आदर्श रूपक की पदवी पा ली है। रोजमर्रा के जीवन में इस रूपक का अप्रत्याशित संदर्भों में और तरीकों से हो रहे उपयोग को देखकर झटका-सा लगता है। कई बार एक चेतावनी के आशय के साथ भविष्य में समझदारी के लिए जरूरी चीज के रूप में इसका आह्वान किया जाता है; कई बार किसी की बुरी नियत पर टिप्पणी के रूप में, चाहे वह स्थिति हिंदू-मुसलमान या भारत-पाक संबंधों से कतई जुड़ी हुई न हो। एक 'शब्द' के रूप में पाकिस्तान ने भी एक रूपक का चरित्र पा लिया है जो विभाजकपन की अभिव्यक्ति करता है। इसीलिए कमलेश्वर के उपन्यास के शीर्षक, 'कितने पाकिस्तान?' में भविष्य की कल्पना में सांप्रदायिक विभाजन की प्रवृत्ति से संबंधित डर का आशय ज़ाहिर होता है। असंख्य फिल्मी गानों ने पिछले कई सालों में इस तरह का डर ज़ाहिर किया है। लेकिन असहनशीलता और विभाजकपन के रूपक के रूप में 'पाकिस्तान' के मुकाबले 'विभाजन' शब्द का इस्तेमाल ज्यादा होता है, शायद इसीलिए क्योंकि वह बिना किसी को व्यक्तिगत रूप से आहत किए बात को व्यक्त कर देता है। यह कहना कि कोई विभाजन का प्रस्ताव रख रहा है, इसके मुकाबले कम अपमानजनक है कि वह एक और पाकिस्तान का सुझाव रख रहा है।

एक समग्र रूपक की तरह विभाजन के गैरसांदर्भिक इस्तेमाल का विश्लेषण करने का मौका मुझे एक औपचारिक चर्चा के दौरान मिला जो एक बड़ी संस्था की कार्य-प्रणाली और कार्य-संस्कृति को सुधारने के तरीकों को ढूँढ़ने के लिए आयोजित की गई थी। एक सुझाव था कि संस्था को दो हिस्सों में बाँट दिया जाए और दूसरा था कि मूल संस्था को तीन इकाइयों में बाँटा जाए। दूसरा सुझाव थोड़ा भविष्यवादी था, इस आशय में कि तीसरी इकाई जो काम कर सकती थी वह तो अभी उभरा नहीं था और न ही ऐसे सदस्य मिल रहे थे जो उस इकाई के बनने पर उसमें जा सकते थे। दूसरी तरफ दो अलग इकाइयों को पहचानने का तर्क साफ था। फिर भी, जैसे ही चर्चा आगे बढ़ी, ऐसा लगने लगा कि तीन भागों में बाँटनेवाले सुझाव में ज्यादा आकर्षण था। यह थोड़ा रहस्यमयी था कि तीन भागों वाला विचार दो भागों वाले सुझाव से कम

जोखिम भरा क्यों लग रहा था। दो भागों में विभाजन के सुझाव पर आई प्रतिक्रियाओं से ऐसा लग रहा था कि दो हिस्से बनने से विवाद और वैरभाव पैदा होगा जबकि तीन हिस्सों में बँटने से अभिरुचियों को पहचानना और प्रोत्साहन देना संभव हो पाएगा। किसी ने तब बिना कारण, भारत के विभाजन का हवाला देते हुए कहा कि ऐसी चीज़ का दोबारा कभी प्रयत्न नहीं किया जाना चाहिए, छोटे स्तर पर भी नहीं। न केवल विभाजन की स्मृति बल्कि विभाजन के सृष्टा के रूप में जिन्ना की भूमिका का भी जिक्र हुआ यह कहने के लिए कि उस घटना से प्रेरणा नहीं लेनी चाहिए। अब तक बात साफ हो गई थी कि दो भागों में विभाजन से बचना चाहिए। किसी को विभाजन का जिक्र अप्रासंगिक या अतिरंजित नहीं लगा। विभाजन के नकारात्मक मूल्य को जिस आम सहमति के साथ देखा गया, उससे पता चलता है कि 1947 के दृष्टान्त ने उस उद्देश्य को पूरा किया जो बुद्धिसंगत रूप में नहीं समझा जा सकता था। उसने एक तरह का तात्कालिक समुदाय बना दिया, एक छोटा भारत, जिसका इस बात में पक्का विश्वास था कि विभाजन केवल विनाश ही कर सकता है। भारत-पाक विभाजन इतिहास का एक क्षण या एक प्रक्रिया नहीं रह गया : वह गलत काम का उदाहरण बन गया, एक ऐसा रूपक जो किसी भी स्थिति पर आराम से लागू किया जा सकता था।

यह घटना हमें याद दिलाती है, हालाँकि इसको एक प्रमाण नहीं कहा जा सकता कि भारत की राष्ट्रीय स्मृति में विभाजन की विभिन्न उपयोगिताएँ हैं। हालाँकि भारत की राष्ट्रीय स्मृति में विभाजन जिन भी उपयोगों के काम आता है, इस कथा को उन उपयोगों का प्रमाण नहीं कहा जा सकता। इन विविध उपयोगों को उन मान्यताओं का परीक्षण करके समझा जा सकता है जिन पर प्रचलित एवं विभाजन पर उपलब्ध अच्छा-खासा अकादमिक ज्ञान आधारित है। हम मुख्य रूप से तीन आधार देख सकते हैं : एक, विभाजन के लिए कोई असल कारण नहीं था; दो, उसमें से कुछ भी अच्छा निकल कर नहीं आया क्योंकि वह तो एक असहनीय दुखद घटना थी; और तीन, भारत को विभाजित करने के जो प्रत्यक्ष उद्देश्य थे वे भी पूरे नहीं हुए, इसलिए विभाजन व्यर्थ साबित हुआ। विभाजन पर उपलब्ध ऐतिहासिक विद्वत्ता की विशाल

विषय-वस्तु पर पहली मान्यता की अच्छी-खासी छाप दिखती है, जैसे कि निरंतरता का एक धागा हो जिसे विभाजन संबंधी शोध का प्रमुख पैराडाइम भी कह ही सकते हैं। ऐसा कोई संकेत नहीं दिखता कि आने वाले भविष्य में इस पैराडाइम को कोई चुनौती मिलेगी या यह संतृप्ति की स्थिति में पहुँचेगा। न केवल ऐतिहासिक विद्वत्ता, बल्कि राजनीतिशास्त्र, समाजशास्त्र, मनोविज्ञान एवं साहित्यिक आलोचना जैसे विषयों से निकलने वाले शोध-लेखन का अच्छा-खासा हिस्सा इसी मान्यता पर टिका हुआ है कि विभाजन अपरिहार्य नहीं था; वह औपनिवेशिक शासन से आज़ादी पाने के संघर्ष से उपजी सामाजिक एवं राजनीतिक ताकतों की हार का प्रतिनिधित्व था। स्कूली पाठ्य-पुस्तकों का भी यही मुख्य विषय होता है। बिना गहराई से चिंतन किए लिखी गई पाठ्य-पुस्तकों में बताया जाता है—और ऐसे स्कूली इतिहासों की कोई कमी नहीं है—कि विभाजन तो ब्रिटिश और मुसलमान संप्रदायवादियों की मिली-जुली साजिश थी। जो पुस्तकें थोड़ी बेहतर हैं वे वैसे तो साजिश का सुझाव देने से बचती हैं लेकिन इस बात का पूरा तर्कपूर्ण स्पष्टीकरण नहीं दे पातीं कि विभाजन क्यों हुआ। सबसे अच्छा स्पष्टीकरण यही दिया जाता है कि वह हो गया, या कि कांग्रेस ने उसे होने दिया क्योंकि सांप्रदायिक हिंसा का स्तर वीभत्सता की हद तक पहुँच गया था और अगर विभाजन न होता तो वह स्तर बढ़ता जाता। लेकिन इस व्याख्या का उद्देश्य भी यह सुझाने के लिए नहीं है कि विभाजन से कुछ सार्थक निकला, या कि वह एक बेकसर अनर्थ नहीं था। यही इस विषय पर हुए शोध या लेखन पर छाई दूसरी मान्यता है।

जैसा कि अपेक्षित है, विभाजन का पाकिस्तानी दृष्टिकोण इससे अलग है। न केवल पाकिस्तानी इतिहास-लेखन विभाजन को चालीस के दशक में उपमहाद्वीप में व्याप्त परिस्थितियों के तर्कपूर्ण परिणाम की तरह चित्रित करता है, बल्कि कुछ विद्वान इस पर जोर देते हैं कि विभाजन सचेत रूप से निष्पादित किया गया लक्ष्य था। पाकिस्तान की स्कूली पाठ्यपुस्तकों में बाद वाला मत लिया गया है और एकाध अपवाद को छोड़कर, इस अनुभूति का प्रचार किया गया है कि विभाजन दक्षिण एशिया के मुसलमानों की नियति की उपलब्धि का प्रतीक था। इस तरह

से पाकिस्तानी स्कूली पाठ्य-पुस्तकें बच्चों को यह विश्वास करने में समाजीकृत करती हैं कि विभाजन एक महान उपलब्धि था हालाँकि उसे एक बड़ी इंसानी कीमत चुकाकर प्राप्त किया गया। भारतीय इतिहास-लेखन की दोनों अंतर्निहित मान्यताएँ कि विभाजन से कुछ सार्थक नहीं निकला और विभाजन के लिए कोई असल कारण नहीं था, ये पाकिस्तानी इतिहासकारों और पाठ्यपुस्तक लेखकों द्वारा नकारी जाती हैं। जहाँ तक की तीसरी भारतीय मान्यता का सवाल है, कि विभाजन का प्रत्यक्ष उद्देश्य कभी पूरा नहीं हुआ, पाकिस्तानी अनुभूति इससे थोड़ा-बहुत सहमत रहती है लेकिन उसका कारण वह विभाजन में नहीं बल्कि कहीं और ढूँढ़ती है। भारतीय मत है कि अगर विभाजन इस कारण किया गया था तो वह सांप्रदायिक तनाव की समस्या को सुलझाने में असफल रहा, और वैसे भी इस असफलता से साबित होता है कि विभाजन एक समाधान नहीं था। पाकिस्तानी मत है कि विभाजन खुद में अधूरा और अन्यायसंगत था क्योंकि उसने कश्मीर का भाग्य अनिश्चित छोड़ दिया।

यह काफी उल्लेखनीय है कि भारत में हुए किसी भी शोध ने ऐतिहासिक सूचकों पर अटकलें लगाने के बुद्धिसंगत उपयोग के लिए विपरीत-तथ्यात्मक तरीके को न के बराबर ही अपनाया है। अगर विभाजन न होता तो क्या होता; ऐतिहासिक सूचकों के आधार पर इस तरह का विपरीत-तथ्यात्मक तरीके का विश्लेषण नगण्य मात्रा में हुआ है। विभाजन पर किए गए लेखन की वृहत विषय-वस्तु में मुझे सिर्फ एक पर्चा मिला जो इस तरह के प्रश्न से जूझता है। एन.सी. सक्सेना का यह पर्चा संक्षिप्त विवरण देने लायक है, न केवल इसलिए क्योंकि वह निराला है, बल्कि इसलिए भी क्योंकि वह बहुत समग्र है।[2] सक्सेना ने विभाजन के कारणों और परिणामों को लेकर स्थापित मत से हटकर दो मत सामने रखे हैं। पहला, वह इस आम मत को चुनौती देते हैं कि एक आधुनिक होते समाज में धर्म के इर्द-गिर्द बुनी हुई सामूहिक अस्मिता अनिवार्य रूप से एक नकारात्मक, अवांछनीय या विचित्र विकास नहीं है। सक्सेना ने कई सारे तुलनात्मक उदाहरणों की मदद से दिखाया है कि आधुनिकीकरण के दौरान विशेष परिस्थितियों के तहत धार्मिक अस्मिताओं का जोर पकड़ना काफी हद तक सामान्य-सी बात है।

आधुनिकीकरण पर हाल में लिखे कई लेखों में इस तरह की दृष्टि का समर्थन दिखता है और इसने 9/11 के बाद प्रकट हुए संदर्भ में काफी दिलचस्पी जागृत की है। इस समाजशास्त्रीय बिंदु ने कि आधुनिकता का आगमन डर और आत्मविश्वास दोनों जगाता है, भले ही उससे एकाकी व्यक्ति की भूमिका संवृद्ध और गहरी हो जाती है, आधुनिक भारत के इतिहासकारों का ध्यान कम ही आकर्षित किया है, नहीं तो उस इच्छा की सहनशील समझ पैदा हो गई होती जो भारत के कई हिस्सों में उस समय जागी जब प्रतिनिधित्व पर आधारित राजनीति पहली बार शुरू हुई जिसमें राजनीतिक उद्देश्यों के लिए धार्मिक बंधनों का इस्तेमाल किया गया था। सक्सेना के लिए यह तथ्य कि यह इच्छा इतनी बलवती हो गई कि उसने भारत का दो भागों में विभाजन चाहा, हमें उसकी ऐतिहासिक वैधता खोजने से दूर नहीं रख सकता। वह हमारा ध्यान इस ओर खींचते हैं कि इस इच्छा ने विभाजित भारत में राजनीतिक अभिव्यक्ति पाना बंद नहीं किया है। बल्कि इससे जुड़ी अवैधता ने धार्मिक बहुमतवाद को इस तर्क के आधार पर राजनीतिक बढ़ावा पाने दिया है कि धार्मिक भावनाएँ सिर्फ अल्पसंख्यकों की संपत्ति नहीं होतीं। 'सांप्रदायिकता' ने जो विभिन्न अर्थ अर्जित कर लिये हैं, सक्सेना ने उनका विश्लेषण किया है और वह 'राष्ट्रीय' एवं 'सांप्रदायिक' रुझानों के बीच में मौजूद माने जाने वाले प्रतिवादों पर प्रश्न उठाते हैं। वह कई बहुजातीय देशों का संदर्भ लेते हुए सुझाव देते हैं कि जरूरी नहीं है कि आर्थिक विकास से धर्म और भाषा पर आधारित सामूहिक अस्मिताएँ अनिवार्य रूप से खत्म होती हों या हल्की पड़ती हों। वे कहते हैं कि असली प्रश्न यह है कि राजनीतिक और अन्य संस्थाएं किस हद तक धार्मिक अस्मिताओं के विवेकशील सामंजस्य को सुगम बनाती हैं।

पारम्परिक सोच से इस निबंध का दूसरा मुख्य अंतर भारत-पाक संबंधों के लिए ज्यादा महत्त्व रखता है। सक्सेना ने उन विभिन्न दृश्ययोजनाओं को परिकल्पित करने का प्रयास किया है जिनका सामना भारतीय उपमहाद्वीप को करना पड़ सकता था, अगर विभाजन से बच लिया जाता। कई विपरीत-तथ्यात्मकों का विश्लेषण करके, सक्सेना यह साबित करते हैं कि अगर विभाजन न हुआ होता, तो परिणाम कम नहीं,

ज्यादा संघातक होते। यह मत काफी अनूठा है जो विभाजन पर हिंदू दक्षिणपंथी परिप्रेक्ष्यों और वामपंथी उदारवादियों या धर्मनिरपेक्षतावादियों के बीच मौजूद समानता से दूर एक एकाकी अपवाद प्रस्तुत करता है। इस समानता की जड़ें इस विचार में हैं कि विभाजन स्वतंत्रता संघर्ष की अवैध संतान है। धर्मनिरपेक्षतावादियों के मत में विभाजन अवैध है क्योंकि वह राष्ट्रीय आंदोलन के उच्चतम आदर्शों के खंडन का सूचक है। इन आदर्शों को कांग्रेस ने अपनी उपनिवेशवाद विरोधी लड़ाई में अभिव्यक्त किया था। आज़ादी, समानता और गरिमा की महत्त्वाकांक्षाओं के आधार पर लोगों को संघटित करना, उनके संघर्ष में शामिल था। धर्मनिरपेक्ष मत के अनुसार मुस्लिम लीग के सांप्रदायिक मंसूबों के कारण यह संघर्ष कमज़ोर पड़ा, जिनको ब्रिटिश उपनिवेशिक ताकतों के अधीन बढ़ावा मिला। राष्ट्रवादी संघर्ष के लिए हिंदू सांप्रदायिकता भी एक बड़ा खतरा था, लेकिन उसके परिणाम मुख्यतः आज़ादी के बाद के घरेलू संघर्षों के लिए ही प्रासंगिक माने गए। हिंदू दक्षिणपंथियों के परिप्रेक्ष्य से देखें तो विभाजन एक असहनीय दुखद घटना थी जिसने भारत की हिंदू सभ्यता के एकात्मक चरित्र का तिरस्कार किया। यह परिप्रेक्ष्य, विभाजन को सुगम बनाने में हिंदू सांप्रदायिकता द्वारा निभाई गई भूमिका की उपेक्षा करता है; निश्चय ही, हिंदू दक्षिणपंथी के अनुसार 'हिंदू सांप्रदायिकता' की शब्दावली में एक तरह का विरोध है। हिंदू दक्षिणपंथी दृष्टि के अनुसार धार्मिक पृथकतावाद की विचारधारा के रूप में सांप्रदायिकता तो केवल मुस्लिम-लीग का ही लक्षण था। इस मत के अनुसार मुसलमान पृथकतावाद को कांग्रेस ने, खासकर गांधी ने बढ़ावा दिया, जिन्होंने मुसलमानों को दुलार देकर बिगाड़ा और नेहरू जैसे नेताओं ने भी जो अपने पश्चिमीकरण के कारण हिंदू संवेदनशीलता से बेगाने हो गए थे। यह तो खैर, रोचक है ही कि हिंदू पुनरुत्थान का विचार अपनी 'पश्चिमी' जड़ों से कितना बेखबर है, खासकर हिंदुत्व को वैसी धर्म-सभा का चरित्र देने में जो ईसाई धर्म में होती है। वामपंथी उदारवादी एवं दक्षिणपंथी, दोनों के ही विभाजन के बारे में मत इस विश्वास पर आधारित हैं कि एक प्रभुराज्य के रूप में पाकिस्तान का अलग होना द्विराष्ट्र सिद्धांत का परिणाम था, न कि ऐतिहासिक परिस्थितियों के गूढ़ समुच्चय का। दोनों

ही परिप्रेक्ष्य द्विराष्ट्र सिद्धांत को अस्वीकार करते हैं, हालाँकि उनके पास कारण अलग-अलग हैं। वामपंथी उदारवादियों की अस्वीकृति नैतिक चिंताओं पर आधारित है; दक्षिणपंथी अस्वीकृति इस अनुभूति पर आधारित है कि भारत के मुसलमान तो हिंदू धर्म से धर्मान्तरित हुए हैं, और इसीलिए मूल रूप से हिंदू ही हैं जिनकी मुसलमान होने की अस्मिता एक राजनीतिक कपट-युक्ति है।

यह कोई आश्चर्य की बात नहीं कि पाकिस्तान के खिलाफ फैले पूर्वाग्रह विचारधारात्मक सीमाओं से परे हैं और शांति के उस विमर्श में जिसका विभिन्न राजनीतिक संगठन समर्थन करते हैं, एक तरह की एकरूपता है। पाकिस्तान को लेकर एक सच्चा उदारवादी परिप्रेक्ष्य दूर-दूर तक नहीं मिलता, हालाँकि उसके साथ शांतिपूर्ण संबंधों की उदारवादी इच्छा तो है। पाकिस्तान की रूढ़िबद्ध धारणा से उबरने के लिए, जो कि राष्ट्रवादी पक्षपातों पर नहीं इतिहास के निरूपण में निहित संरचनात्मक पूर्वाग्रहों पर आधारित है, उदारवादी भारतीयों को धर्मनिरपेक्षतावादी मत को पुनःकल्पित करना होगा और यह बौद्धिक रूप से बहुत ही थकाने वाला काम होगा। एक पुनःकल्पित धर्मनिरपेक्ष परिप्रेक्ष्य इस भावना को मजबूती देगा कि केवल विभाजन से जुड़ी वीभत्स हिंसा के आधार पर यह नहीं मापा जा सकता कि दोनों भागों पर विभाजन का क्या प्रभाव पड़ा। हिंसा और भय पैदा करने के अलावा विभाजन ने तीस के दशक से शुरू होनेवाले प्रचलित हिंदू और मुसलमान मानस के बीच मौजूद बँटवारे को और तीखा बनाया। प्रचलित हिंदू मानस इस भावना का चिरस्थायी स्रोत बन गया कि विभाजन हिंदुओं के लिए बहुत बड़ी यातना लेकर आया जिसमें उन्होंने जीवन और ज़मीन दोनों खोए, और जो मुसलमानों ने हिंदुओं की कीमत पर पाए। दूसरी तरफ प्रचलित मुसलमान मानस ने एक प्रभुसत्तात्मक राष्ट्रीय स्मृति और कथा अर्जित की जिसने मुसलमानों के प्रति हिंदुओं के प्रतिरोध को चिन्हित किया। धर्मनिरपेक्षता पंथियों को इन परस्पर विरोधी मानसों से अवश्य जूझना चाहिए, इस उम्मीद के साथ कि एक प्रबुद्ध नज़रिया अंततः इन मानसों को चुनौती देने में सफलता पाएगा। इन मानसों की उपेक्षा करने का प्रबल दृढ़ इरादा भारत-पाक शांति के लिए बहुत बड़ी बाधा है। प्रचलित हिंदू दिमाग़ के

नक्शे में जो महत्त्वपूर्ण लक्षण हम देखते हैं वह पाकिस्तान के आदेश से हो सकने वाले एक और विभाजन का डर है। यह आशंका कि भारत फिर से बिखर सकता है, विभाजन की स्मृति से फलती-फूलती है और विभाजन के प्रचलित स्पष्टीकरण से जिसमें यह स्मृति लिपटी हुई है। यह स्मृति कुछ हद तक तो एक सांस्कृतिक शिल्पकृति है जिसके साथ जूझने से आधुनिक शिक्षा ने इन्कार किया है; लेकिन शिक्षा के कुछ रूपों ने इसे प्रचारित किया है। लाखों लोग आज भी यही मानते हैं कि विभाजन अपरिहार्य नहीं था, वह अंग्रेजों का षड्यंत्र था जिसमें मुसलमानों ने सहयोग दिया, और इसीलिए उन पर भरोसा नहीं किया जा सकता।

यह संदेह गहरा है और मुसलमानों के पास इसके साथ जीने के अलावा कोई विकल्प नहीं है, यह साबित करने के निरन्तर संघर्ष के साथ कि यह बेकार का संदेह है। यह तथ्य कि यह एक दैनिक संघर्ष है, उसको आसान नहीं बनाता। जो उसको खास तौर पर कठिन बनाता है वह है इस बात का अहसास कि 'दूसरे' यानी हिंदुओं को शायद यह संघर्ष दिखाई भी नहीं देगा तो फिर परेशानी उठाई ही क्यों जाए। एक मुसलमान जो कभी-कभार यह प्रश्न पूछता है उसको उत्तर पता होता है-कि कोई विकल्प ही नहीं है। यह तनाव तो जिंदगी की तरह है जो कि यदा-कदा मिलनेवाले चैन की उम्मीद के सहारे टिका रहता है, जब राष्ट्र का मन शांत और सांत्वनाप्रद हो जाता है। एक-दो मुसलमान विद्यार्थियों वाली सामान्य कक्षा में हम यह कभी खत्म न होने वाले संदेह और आश्वासन के खेल हर समय देखते हैं। अनबन के क्षणों में संदेह बरसाती घास की तरह बढ़ता है; जिन दिनों में कोई विशेष घटना नहीं होती उनमें आश्वासन की इच्छा निर्भीक रूप से सार्थक लगने लगती है। भारत-पाक संबंधों की विचित्र ज्यामिती में पाकिस्तानी लोग उस अस्थिर सामाजिक स्वरूप के दूरस्थ बंधक बन जाते हैं जिसका खेल भारत में खेला जाता है। वैसे भी भारतीय राज्य के पास ऐसे राष्ट्र से शांति-समझौता करने का मुश्किल काम है जिसके विभिन्न भागों में स्थिरता और संगतता की कमी है। स्वयं भारत के अंदर अस्थिर सामाजिक स्वरूप इसे एक जोखिम भरा काम बना देता है जिसकी उपेक्षा राजनीतिक नेता नहीं कर सकते, क्योंकि उन्हें खुद बने रहने के लिए

आम जनादेश को बनाए रखना होता है। पाकिस्तानी नेताओं को यह बात पता है और वे भारतीय पहल से जुड़े जोखिम का इस्तेमाल अपने फायदे और ज़्यादा समय लेने के लिए करते हैं। पाकिस्तानी नेताओं को भी यह खतरा है कि अगर वे शांति के लिए बहुत इच्छुक दिखेंगे तो अपनी वैधता खो देंगे। लेकिन जोखिम उभरता है, किसी लोकतांत्रिक स्थिति से ज्यादा सैन्य प्रभु वर्ग समेत प्रभुत्वशाली लोगों के समूह की समस्याओं को सँभालने से। मीडिया, खासकर उर्दू अखबार बिल्कुल प्रहरियों की तरह काम करते हैं और भारत-शांति की वार्ता की बनी-बनाई तर्ज़ और उसके नियमों से कुछ थोड़ा भी अलग होने पर टूटकर पड़ते हैं। अंग्रेजी अखबार शांति के लिए कोई प्रबंध कर पाएं इसकी संभावना घटती-बढ़ती रहती है, इस आधार पर कि सैन्य प्रभुवर्ग रूढ़िवादी संगठनों और जीवन के हर पहलू में व्यापक हिंसा को कितनी सक्षमता से सँभाल पाता है।

4

युद्ध बुरा क्यों लगे?

युद्ध के मुकाबले शांति का विचार नीरस लगता है। दुविधा की स्थिति में, लड़ने का प्रलोभन शांति से रहने के प्रलोभन से प्रबल हो जाता है। दरअसल शांति से रहने की इच्छा असली मायनों में एक प्रलोभन नहीं है; यह तो बस एक कामना है जिसकी हमारे दिमाग पर कोई पकड़ नहीं है। युद्ध का प्रलोभन रोज़ हज़ारों चीजों से बल पाता है, लेकिन शांति की इच्छा को रोजमर्रा की दुनिया में कोई बाहरी समर्थन नहीं मिलता। पहला कारण है कि युद्ध हमेशा विस्मयकारी कहानियाँ पीछे छोड़ता है, शांति तो दैनिक जीवन के मामलों में बिखर जाती है और अपनी कोई कहानी नहीं छोड़ पाती। अगर कृष्ण भगवान के शांति लाने के प्रयास सफल हो गए होते तो शायद महाभारत लिखी ही न गई होती। युद्ध की कहानियाँ स्वाभाविक रूप से प्रेरित करती हैं और जब ऐसा करती हैं, तो बड़ी सफलता से उस खून के जमाव को छिपा देती हैं जो कोई भी युद्ध अनिवार्य रूप से बहाता है चाहे वह कितने ही छोटे स्तर पर लड़ा गया हो और अल्पकालिक रहा हो। बहादुरी से लड़ने और क्रूरता से मारनेवाले नायक से यह अपेक्षा नहीं होती कि वह सुननेवालों को याद दिलाए कि लड़ते समय सामने का दृश्य कितना भयावह था। युद्ध की कहानियों में अकड़े हुए, मरे हुए, खून से लथपथ शरीरों और बिखरे पड़े अंगों का विवरण नहीं होता। हमारे समय में यह सब दिखाने में कैमरा सक्षम है लेकिन हाल में ईराक में लड़े गए अमेरिकी युद्ध में संवाददाताओं और फोटोग्राफरों ने इस मामले में संयम बरता क्योंकि वे विश्वव्यापी दर्शकों के बीच युद्ध को एक सहनीय मनोरंजन के रूप में बेचने के लिए खुलेआम व्यग्र थे। वे उन प्राचीन कथावाचकों की तरह काम कर

रहे थे जो युद्ध की कथा की रचना के कौशल में यह विशेषज्ञता रखते थे कि श्रोता हिंसा के संवेदी विवरण, जैसे कि खून, दर्द और चीखों के बारे में सुनकर घृणा से न भर जाएँ। संवाददाताओं ने यह ध्यान किया कि दर्शक कथानक पर ही केंद्रित रहें और विचलित होकर उसके बारे में सोचने न लगें। इस अर्थ में, युद्ध की कहानियाँ पहले भी, और आज टी.वी. पर प्रसारित रूप में भी उन छोटे बच्चों के लिए साहित्य का एक रूप रही हैं जो हत्या को मृत्यु के विवरण और संवेदना से जोड़कर नहीं देखते। जब वयस्क लोग युद्ध की कहानियाँ देखते या सुनते हैं या टी.वी. पर हमला देखते हैं, तो वे अपने बचपन में लौट जाते हैं। वे यह विवेक खो देते हैं कि वे जो देख रहे हैं उसके निहितार्थ क्या हैं और कभी-कभार घृणा महसूस होने की स्थिति में टी.वी. का स्विच बंद करने का आवेग भी खो देते हैं।

युद्ध की सार्वजनिक अनुभूतियों का प्रबन्धन युद्ध-उद्योग का महत्त्वपूर्ण पहलू है। उसका ज़ोर दैनिक खबरों एवं स्मृति में युद्ध को हिंसा से अलग बनाए रखने पर है। एक सजग प्रयास किया जाता है कि छवियाँ और भड़काऊ वर्णन व्यक्तिगत हत्या या बलात्कार की घटनाओं तक सीमित रहें। युद्ध में किस स्तर पर हत्याएँ और बलात्कार होते हैं, यह बात आम लोगों के ध्यान में नहीं आती। छिपाने के इस उद्यम में राष्ट्र के सिविल-सैन्य संगठन और निजी मीडिया सक्रिय रूप से उन तरीकों में परस्पर सहयोग करते हैं जिनकी जाँच मुश्किल से ही की जा सकती है। यहाँ इस साझेदारी का एक ही उदाहरण देना पर्याप्त होगा। यह हिरोशिमा की बात है जो व्यापक परमाणु हिंसा का संसार का इकलौता घटना-स्थल है। इस शहर का शांति संग्रहालय उसी जगह पर बना हुआ है जहाँ अमेरिकी लड़ाकू-विमानों ने 1945 में लिटिल बाय नाम का बम गिराया था। अस्सी के दशक तक बरकरार रहे इस संग्रहालय में प्रदर्शित चीज़ों की व्यवस्था में हिंसा की एक गहरी छाप दिखती थी। उन दिनों मुख्य गैलरी में घुसते ही एक बहुत बड़ा तख्ता दिखता था; उस पर तीन बच्चों के चेहरे थे जिनके बाल जल रहे थे। वीभत्स कृत्यों के बनाए गए चित्रों या खींची गई तस्वीरों को देखते हुए आगे बढ़ते समय उन तीन बच्चों की छवियाँ दिमाग में बार-बार आती थीं। नब्बे के दशक

में किसी समय वह सब हटा दिया गया। बम गिरने से पहले के हिरोशिमा के ऐतिहासिक विवरणों, जिनसे हिरोशिमा को ही लक्ष्य बनाने के कारण स्पष्ट हो सके और कंप्यूटर के पर्दों पर परमाणु हमले की निस्तेज तस्वीरों ने पिछली प्रदर्शनी का स्थान ले लिया। जब मैंने पता किया कि यह बदलाव क्यों हुआ, तो कर्मचारियों ने मुझे बताया कि पर्यटन उद्योग को यह संग्रहालय पसंद नहीं था इसीलिए उसको सहन करने लायक बनाना पड़ा। इस प्रयास के फल भी मिले। पहले मुख्य द्वार के बाहर बिलख-बिलख कर रोते हुए दर्जनों पर्यटक दिखते थे, अब तो लोग अपनी पर्यटन-गाइड को पलटते हुए यह सोचते मिलते हैं कि शहर की यात्रा पूरी करने के लिए और किस जगह जाएँ। हिरोशिमा अब आतंक का स्मारक नहीं रह गया है। शांति का संग्रहालय युद्ध के बारे में अब वे तकलीफ़देह प्रश्न नहीं उठाता जो वह पहले करता था।

शांति के मुकाबले युद्ध का एक और फायदा है, वह अपने अनगिनत रूपाकारों में खुद जिंदगी की उपमा की तरह काम करता है। अक्सर उसका भाषणों और लेखों में संघर्ष की अनिवार्यता, यहाँ तक की सुंदरता दिखाने के लिए इस्तेमाल किया जाता है। तीसरी दुनिया के देशों में हम निरक्षरता, गरीबी, कुपोषण, इत्यादि के खिलाफ युद्ध के बारे में भी सुनते हैं। इस तरह के इस्तेमाल युद्ध को एक स्वीकार्य समाधान बना देते हैं जो आकर्षक भी लगने लगता है क्योंकि वह एक कष्टप्रद समस्या से शीघ्र और संपूर्ण मुक्ति दिलाने का वादा करता है। इस सामर्थ्य से युद्ध एक आधुनिक दवाई या टीके का मूल्य पा लेता है। इसी तरह का एक रूपक अक्सर सरकारों और विकास की अंतर्राष्ट्रीय संस्थाओं पर लागू किया जाता है, जब वे घोषणा करते हैं कि वे एक निश्चित वर्ष तक निरक्षरता, पिछड़ेपन और गरीबी को खत्म कर देंगे। जब युद्ध का रोजमर्रा की शब्दावली में रूपक की तरह इस्तेमाल किया जाता है तो हमें जीवन की समस्याओं व अनिश्चितता और लड़ते रहने की जरूरत का स्मरण हो उठता है। शांति का इस्तेमाल तो प्रायः मृत्यु या मृत्यु के बाद आत्मा के संदर्भ में होता है। इस रूप में शांति अपने अनिवार्य लक्षण यानी स्थिरता के साथ उपस्थित होती है और यही बात शांति को उसकी मुख्य उपयोगिता देती है। इस तरह के बारम्बार इस्तेमाल से यह मत बन गया

है कि शांति तभी हासिल करने लायक होती है जब वह लंबे समय तक टिक सके; युद्ध शांति से बेहतर है क्योंकि शांति तो कभी भी भंग हो जाती है।

इसीलिए युद्ध जीवन में चिरस्थायी समाधान की तरह लगता है और शांति बस मृत्यु में पाने योग्य लगती है यानी तभी वह स्थायी हो सकती है। जब मैंने शांति-शिक्षा का अपना कोर्स पढ़ाना शुरू किया तो एक शुरुआती समस्या के तौर पर सबसे पहले शांति की संकल्पना का प्रयास अपने विद्यार्थियों के साथ करना जरूरी लगा। हमने धीरे-धीरे समझा कि एक जीवंत संदर्भ में अगर शांति को आदर्श बनना है तो उसको अवधि का लचीलापन देना होगा। हमने यह तय किया कि चाहे शांति अल्पकालिक हो, हमें उससे खुश होना चाहिए और उसकी देखभाल करनी चाहिए, नहीं तो हम अपने आपको इस भ्रम से बचा नहीं पाएँगे कि युद्ध एक दीर्घकालिक समाधान है। यह विचार, कि शांति चाहे क्षणिक हो तो भी उसका मूल्य पहचाना जाना चाहिए, शुरू में तो थोड़ा निराशाजनक लगा, लेकिन जैसे-जैसे कोर्स आगे बढ़ा, हमने यह पहचाना कि कैसे शांति के एक क्षण के लिए भी लाखों लोग रोज़ संघर्ष करते हैं, और उस एक क्षण का भी उनके लिए मूल्य होता है। राष्ट्र-राज्यों का अनुभव भी कोई अलग नहीं है। युद्ध से क्लान्त राष्ट्र, शांति के लिए लालायित रहते हैं चाहे वह कुछ महीनों या हफ्तों के लिए ही हो। उस छोटी अवधि में उनके नागरिक ज़िंदगी की उन छोटी खुशियों का मज़ा ले पाते हैं जिन्हें दूसरे देशों के भाग्यशाली नागरिक स्वाभाविक मान लेते हैं।

खैर, शांति हर युद्ध का घोषित लक्ष्य होती है और कुछ युद्धों के खत्म होने पर शांति आती भी है। फिर भी, शांति को युद्ध के एक परिणाम की तरह मानना उस पर गैर-ऐतिहासिक और काफी तंग दृष्टिकोण थोपना होगा। पहला कारण तो यह कि युद्ध शांति स्थापित करने या शांति के लिए सहायक परिस्थितियाँ लाने के लिए बिरले ही लड़ा जाता है। पुराने समय में युद्ध की बातचीत आज के मुकाबले कहीं ज्यादा निष्कपट थी। मध्य-पूर्व में हमने इतने सारे युद्ध देखे हैं; उनमें से एक भी शांति, न्याय और लोकतंत्र की संभावनाओं का आह्वान किए

बिना नहीं लड़ा गया। हाल में अमेरिका और उसके मुट्ठीभर मित्र राष्ट्रों द्वारा ईराक पर किया गया आक्रमण समर्थक विचारों और जानकारी की विस्मयकारी योजना से लैस था। एक आम अमरीकी से शब्दों के धुएँ के पार देखने की उम्मीद नहीं की जा सकती। शेष दुनिया में केवल विद्वानों और शांति के सामाजिक कार्यकर्ताओं ने ईराक पर आक्रमण के असली कारणों में पेट्रोल और क्षेत्रीय नियंत्रण को पहचाना, न कि ईराक में न्याय और लोकतंत्र या मध्य-पूर्व में शांति स्थापित करने को। खबरों के लिए टी.वी पर निर्भर आम जनता की ऐसे विचारों तक बड़ी सीमित पहुँच थी। यह तो अब बिल्कुल स्पष्ट है कि जहाँ भी विकसित और पूरी तरह से आधुनिक राष्ट्र शामिल होंगे, युद्ध का घोषित लक्ष्य शांति ही होगा: संसाधनों, घृणा, घरेलू राजनीति और आधिपत्य जैसी सांसारिक चीजों के नाम पर उनके पढ़े-लिखे युवा सैनिक कभी नहीं लड़ेंगे। इस तरह के साधारण लक्ष्य तो अब केवल अफ्रीका के अविकसित भागों या कस्बों, श्रीलंका और बर्मा में लड़ने वाले गुटों के जवान रंगरूटों के लिए ही उपयुक्त रह गए हैं। आधुनिकता के विमर्श ने आज के विकसित समाजों के हितों को पूरी तरह से समाहित कर लिया है। यह जाँचने के लिए कि शांति क्या कभी युद्ध की उपलब्धि हो सकती है, हम विकासशील समाजों की तरफ नज़र डालने के लिए बाध्य हो जाते हैं।

विकासशील कही जाने वाली दुनिया के कई हिस्सों में हम ऐसे युद्ध देखते हैं जिन्हें 'नए शतवर्षीय युद्ध' कहना सही है। इन युद्धों का मुख्य लक्षण है कि इनमें शामिल लोग शांति चाहते ही नहीं। शांति की किसी भी संभावना को दोनों पक्ष एक आसन्न पराजय की तरह देखते हैं। शांति के कमज़ोर से कमज़ोर रूप से भी लोग बचते हैं और जो उसकी खातिर मध्यस्थता करने की कोशिश करते हैं उन्हें पक्षपाती माना जाता है। विकासशील दुनिया में हम जिस तरह के विवाद आज देखते हैं, उनके संदर्भ में शांति के संक्षिप्त अंतराल की बात करना तो बिल्कुल निरर्थक है। जिस भी शान्ति का वे प्रस्ताव रखते हैं, वह केवल नाममात्र की है, क्योंकि वह भविष्य में युद्ध के लिए एक ऊँचे स्तर की तैयारी के लिए उपयोग होती है। युद्ध की तैयारी के लिए सैन्य तकनीक में सुधार, प्रबंधन रणनीतियाँ और सैन्य गुप्तचर विभाग की क्षमता बढ़ाने के लिए वैज्ञानिक

शोध, निगरानी और व्यापक विनाश के हथियार शामिल होते हैं। इन सब का मतलब है सुरक्षा पर बहुत ज्यादा खर्च और सार्वजनिक पैसे के बढ़े हुए बजट का संघटन क्योंकि युद्ध तो असुरक्षा के ज्यादा प्रभावशाली प्रचार की माँग करता है। लोकतांत्रिक प्रक्रियाओं को सामाजिक असुरक्षा पैदा करने के लिए नियमित छलयोजना की जरूरत होती है और राष्ट्रीय असुरक्षा को रचने के लिए शिक्षा और मीडिया की उच्छेदन की भूमिका की जरूरत होती है। यह उन कार्यों की छोटी-सी सूची है जो युद्धरत राष्ट्रों और गुटों को शांति के छोटे अन्तरालों के दौरान व्यस्त रखते हैं।

शांति का अन्तराल जो 1971 की बांग्लादेश की लड़ाई और 1999 के कारगिल प्रसंग के बीच में भारत और पाकिस्तान ने स्थापित किया था, एक अच्छा-खासा उदाहरण है। उन तीस वर्षों की अवधि का इस्तेमाल दोनों देशों ने पारंपरिक हथियारों के संचयन की आपूर्ति और नए हथियार खरीदने के लिए किया। दोनों देशों ने विस्मयकारी मात्रा में पैसा खर्च किया है। प्रक्षेपास्त्र खरीदने का यह उद्यम कितना महँगा पड़ा इसका मोटा-मोटा अंदाज़ा, आम आदमी की नज़र से उन आँकड़ों से लगाया जा सकता है जिनका जिक्र उस समय की प्रधानमंत्री इंदिरा गांधी ने रोम में 1981 के अपने फ्रैंक मैक्डूगल भाषण में किया था। उन्होंने बताया था कि खर्चे के हिसाब से एक अंतर्राष्ट्रीय प्रक्षेपास्त्र 3,40,000 प्राथमिक विद्यालय या 65,000 स्वास्थ्य सुविधा केन्द्र बनाने के बराबर है। ये तुलनात्मक आँकड़े बिल्कुल सही लगते हैं जब हम इस बात पर ध्यान देते हैं कि बीसवीं शताब्दी के आखिरी बीस सालों में भारत की प्राथमिक शिक्षा एवं स्वास्थ्य व्यवस्था कितनी बुरी तरह से बिगड़ी है जबकि भारत की प्रक्षेपास्त्र प्रौद्योगिकी में एक के बाद एक सफल परियोजना बड़ी तत्परता से बढ़ती रही।

शांति के इस लंबे अन्तराल का युद्ध के अस्त्रों में सुधार के लिए किया गया इस्तेमाल भारत और पाकिस्तान द्वारा अर्जित परमाणु ताकत की पदवी से और भी बेहतर समझ में आता है। इस भीमकाय उपलब्धि में जिन संसाधनों का निवेश किया गया है उनका आकलन केवल पैसे के अर्थ में नहीं लगाया जा सकता। हम यहाँ एक अलग प्रकार के संसाधनों के समुच्च्यन की बात कर रहे हैं, जिसमें से हरेक का बंदोबस्त

एक विशिष्ट रणनीति द्वारा किया गया है। इन संसाधनों की जरूरत प्रतियोगी विकल्पों को धुँधला और खत्म करने के लिए पड़ती है। वैज्ञानिक, शैक्षिक एवं राजनीतिक संसाधनों को तो आसानी से पहचाना जा सकता है लेकिन तस्वीर को पूरा करने के लिए हमें सांस्कृतिक संसाधनों को भी शामिल कर लेना चाहिए। वैज्ञानिक एवं प्रौद्योगिकी संसाधनों का राष्ट्रीय सुरक्षा के लिए उपयोग करना आधुनिक राष्ट्र राज्यों के लिए एक आम बात है। लोकतांत्रिक नीति के तहत ऐसा करने के लिए सकारात्मक लोकाचार एवं समाज के संभ्रांत वर्गों में सर्वसम्मति बनानी पड़ती है। शैक्षिक एवं सांस्कृतिक संसाधनों के वृहद् संघटन के लिए इस तरह के राजनीतिक प्रयास की जरूरत पड़ती है। इन संसाधनों के संदर्भ में भारत और पाकिस्तान दिखा रहे हैं कि जैसे वे आज़ादी के पहले जनसमर्थन जुटाते थे वैसे ही आज भी जुटा रहे हैं। विभाजक संचेतना का प्रचार, जो तीस के दशक के उत्तरार्ध में शुरू हुआ था, सत्तर के दशक के उत्तरार्ध में दोबारा उभर आया। पुनरुत्थानवादी राष्ट्रवाद का प्रतिनिधित्व करने वाली सामाजिक ताकतें 1977 में आपातकाल हटने से दुबारा एकजुट हो गई थीं और उन ताकतों ने भारतीय राजनीति को दक्षिण-पंथ की तरफ मोड़ने की दीर्घकालीन परियोजना की पहल की। इंदिरा गाँधी और जुल्फिकार अली भुट्टो के बीच 1972 की बांग्लादेश की लड़ाई के बाद हुआ समझौता उठाकर ताक पर रख दिया गया। सामाजिक जीवन की दैनिक दुनिया में भारत और पाकिस्तान दोनों एक-दूसरे से दूर होते गए। पाकिस्तान में इस्लामीकरण की विचारधारा के साथ राजनीतिक मूलगामिता भारत-विरोधी सांस्कृतिक मुहिम में बदल गई। भारत में हिंदू पुनरुत्थानवाद प्रतिस्पर्धी राजनीतिक दलों और प्रादेशिक मीडिया के सहयोगी प्रयास से एकदम केंद्र में आ गया। राजनीतिक सर्वसम्मति के परिणामस्वरूप अयोध्या मंदिर को दोबारा खोला गया और कांग्रेस सरकार के तहत सरकारी मीडिया ने रामायण के टी.वी. संस्करण की कहानी रविवार, सुबह के धारावाहिकों की लंबी कड़ी के रूप में दिखाकर रामजन्मभूमि आंदोलन के लिए सकारात्मक माहौल बनाया।

इसी तरह से 1971 की लड़ाई के बाद शांतिपूर्ण रिश्ता बनाने का मौका खो दिया गया। इस लड़ाई के लिए पश्चात्ताप के चिह्न न भारत

ने दिखाए न पाकिस्तान ने। इस संभावना से कोसों दूर, दोनों ने युद्ध का उपयोग राष्ट्र-निर्माण के लिए एक स्मृति सृजित करने के लिए किया। जहाँ तक भारत की बात है, यह विजय की स्मृति थी जिसका उत्सव 16 सितम्बर को मनाना बाद में तय हुआ। पाकिस्तान के लिए वह भविष्य में उपयुक्त बदला लेने के लिए राष्ट्र को प्रेरित करने लायक स्मृति थी। किसी भी राष्ट्र ने कश्मीर के लोगों के बारे में नहीं सोचा जहाँ युद्ध मुख्य रूप से लड़ा गया था। कैसे कश्मीरी समाज का सैन्य बलों की मुठभेड़ों में नृशंसीकरण हुआ, इसे मीडिया में कोई खास जगह नहीं मिली। कश्मीर के लिए उस युद्ध का क्या मतलब था, इस पर किए गए गिने-चुने विवेचनों में से एक रघुवीर सहाय की एक कहानी 'सीमा के पार का आदमी' से मिलता है।[1] कहानी के केंद्र में पत्रकारों के एक दल की कश्मीर की सीमा पर स्थित एक गाँव की यात्रा है। उस पर गाँव को सेना ने युद्धबंदी बना लिया है। कथावाचक का ध्यान गली के दोनों तरफ पड़ी रोजमर्रा की चीजों पर जाता है और एक छोटी बच्ची की प्लास्टिक की गुलाबी चप्पलें देखकर उसका मन ग्लानि से भर जाता है। बंदी बने लोगों में एक बूढ़ी औरत है जो लगातार बोलना बंद नहीं करती और एक आकर्षक जवान लड़की है जिसे सब देखने लायक चीज की तरह देखे जा रहे हैं।

पाकिस्तान और भारत ने जितने भी युद्ध लड़े हैं उनका मुख्य स्थल कश्मीर ही रहा है। फिर भी न पाकिस्तानी, न ही भारतीय लोग भावनात्मक रूप से उस दर्द और क्षति को महसूस कर सकते हैं जिसे दो राष्ट्रों की सेनाओं की लड़ाई के लिए अपने आपको मंच की तरह सौंप कर कश्मीरी समाज ने सहा है। पाकिस्तानियों और भारतीयों के लिए इस भावनात्मक समझ के न होने के कारण अलग-अलग हैं। कश्मीर का दर्द पाकिस्तान को क्यों कम महसूस होता है, यह तो आसानी से समझा जा सकता है। अधिकतर पाकिस्तानियों के लिए कश्मीर सिर्फ एक राजनीतिक चिह्न या लक्ष्य है, एक समाज नहीं है जिसके सदस्यों के साथ पाकिस्तान के राष्ट्रीय समाज के संबंध बने हों। प्रतीकात्मक जगह के रूप में भी कश्मीर की प्राकृतिक सुंदरता उपभोग करने लायक एक वस्तु की तरह ही रही है। पाकिस्तान के लिए उसका स्मृति-मूल्य सिर्फ

एक ऐसे क्षेत्र की तरह है जो उसे मिल नहीं पाया। कश्मीर में कितनी भी हिंसा या विनाश हो जाए पाकिस्तान के प्रचलित मानस में यह दुख नहीं उमड़ता कि वे भारत से लड़ी लड़ाइयों के कारण कश्मीर के लोगों की तकलीफ को समझ पाएँ। जैसा कि खाने के एक मशहूर तेल का विज्ञापन कहता है, 'कश्मीर पर समझौता? हरगिज़ नहीं', कश्मीर, तेल की इस ब्राण्ड का नाम है। यह सच है कि अधिकतर कश्मीरी मुसलमान हैं। यह बात कश्मीर के उपभोगीकरण की इस प्रक्रिया पर कोई खास असर नहीं डालती, हालाँकि पाकिस्तान की कश्मीर नीति इसी आधार पर बनी हुई है। पाकिस्तान की राष्ट्रीय एकात्मकता धर्म की विचारधारा के इर्दगिर्द बुनी हुई है लेकिन यह विचारधारा पाकिस्तान के सजातिविषयक और कट्टरपंथी संघर्षों को समायोजित करने में सफल नहीं हो पाई है। निश्चय ही, जैसे-जैसे धर्म की विचारधारा के महत्त्व ने बल पकड़ा, उसकी सजातिविषयक आकांक्षाओं और कट्टरपंथी विवादों को सँभालने की क्षमता कम होती गई। कश्मीरियों के ऐसे साथी मुसलमानों के रूप में छवि, जिन्हें मदद की सख़्त ज़रूरत है, एक अपेक्षाकृत आला और स्थायी राजनीतिक हो-हल्ला है जो पाकिस्तान के लोकतांत्रिक राजतंत्र के अनियमित इतिहास में गढ़ा गया। पाकिस्तानी समाज के बाकी हिस्से ने पख्तूनों और बलूचियों की समस्याओं के प्रति जिस तरह की उदासीनता दिखाई, उसको नज़र में रखकर कौन यह दावा करेगा कि कश्मीरी मुसलमानों की पीड़ा किसी भी पैमाने की टीस पैदा करती है।

कश्मीर की पीड़ा भारत में, क्यों एक सीमित-सा दर्द महसूस करवाती है, यह बहुत ही गूढ़ मुद्दा है। अगर कोई व्याख्या करना चाहे तो कारणों की खोज में उसे दो मुख्य स्रोत मिलेंगे : कश्मीर की भौगोलिक स्थिति एवं उसकी जनसंख्या। युद्ध और हिंसा के इतिहास के कारण संवेदना की कमी एक मेहराबी लक्षण है जिसे हम आसानी से अनदेखा कर सकते हैं क्योंकि इस लक्षण की खोज सुनिश्चित तथ्यों की मदद से नहीं की जा सकती। अगर किसी देश का एक हिस्सा दूसरे देश से लड़ाई के लिए लगातार इस्तेमाल होता है, और फिर एक घरेलू समस्या का केन्द्र बन जाता है, तो ऐसी उम्मीद की जा सकती है कि राष्ट्र की मनोवैज्ञानिक सोच में उस हिस्से का मूल्य एकदम सिकुड़ जाए और

कश्मीर के मामले में लगता है कि यही हुआ है। लेकिन इस नियति की गहराई में एक खास कहानी है। सीमावर्ती प्रदेश के रूप में वह उत्तर-पूर्वी राज्यों से तुलनीय है, प्रचलित मानस में जिनकी छवि भी 'समस्याग्रस्त क्षेत्र' की है, मतलब उनकी व्यक्तिगत उपलब्धियों और समस्याओं को इकट्ठा करके एक घालमेल-सा कर दिया गया है जिसमें कुछ भी अलग कर पाना संभव नहीं है। लेकिन कश्मीर की रूढ़िवादी छवि एक खास कटुता से ओतप्रोत है जिसको केवल भौगोलिक स्थिति और अशांत लोकाचार का संदर्भ देकर पर्याप्त रूप से नहीं समझाया जा सकता। आधुनिक संसार में भौगोलिक स्थिति दिलचस्पियों और छवियों में मिलकर गड्ड-मड्ड हो जाती है। अतीत के किसी भी क्षण के मुकाबले यह मिश्रण आधुनिक दुनिया में ज्यादा होता है। राजनीति, शिक्षा और मीडिया, ज्ञान के टुकड़ों को बिना समझे-बूझे एक वृहत राष्ट्रीय पटल पर विसर्जित करते हैं, और राजनीति को एक हास्यास्पद रहस्य की तरह बना देते हैं।

सामाजिक समूहों की रूढ़िबद्ध छवियाँ बनाना लोकतंत्र के कई अकल्पित उत्पादों में से एक है, खासकर निर्वाचन व्यवस्था का उत्पाद तो है ही। चुनाव पूर्व रणनीतियाँ बनाने एवं प्रचार करने में व्यापक सांस्कृतिक रूढ़िबद्ध छवियों का भरपूर इस्तेमाल किया जाता है। समय के साथ ये छवियाँ वोट पाने के स्थिर तरीकों में रूपान्तरित हो जाती हैं। कश्मीर की रूढ़िबद्ध छवि में उस आम छवि की गंध आ जाती है जो मुसलमानों ने आज़ादी के बाद के चुनावों के इतिहास की सार्वजनिक कल्पना में उपार्जित कर ली हैं। वह छवि मुसलमानों को ज्यादा लाड़ से रखे गए लोगों की तरह चित्रित करती है। निश्चय ही मुसलमानों एवं कश्मीर की इस रूढ़िबद्ध छवि ने उस आलंब की तरह काम किया है जिसमें कांग्रेस पार्टी एवं उसकी विरोधी भारतीय जनता पार्टी की आनुपातिक नियतियाँ तय हुईं। हिंदू पुनरुत्थानवादी राजनीतिक ताकतों के हाथ में इस छवि ने कांग्रेस को बदनाम करने और महात्मा गाँधी और नेहरू की निन्दा करने के यंत्र की तरह काम किया है। मुसलमानों के वोट-बैंक के रूप में सुस्थापित उपयोग ने इस दोषारोपण को वैधता दी, लेकिन कांग्रेस ने चुनावी संघटन के लिए वोट-बैंक के रूप में केवल

मुसलमानों को ही इस्तेमाल नहीं किया था; न ही ऐसा करने वाली कांग्रेस अकेली पार्टी है। मुसलमानों के मामले में, ज़्यादा ही लाड़ से रखे गए लोगों की छवि शहरी मध्यम वर्ग द्वारा संरचित एक व्यापक सांस्कृतिक लोकाचार के कारण लगभग स्थायी हो गई है। यह सत्तर के दशक से विशेष रूप से हुआ जब तेल से समृद्ध मध्य-पूर्व के देशों में रोज़गार के मौके बढ़े। अस्सी के दशक में भारतीय जनता पार्टी की बढ़ती लोकप्रियता का श्रेय काफी हद तक उसके अभियान की सफलता को दिया जा सकता है जिसमें उन्होंने मुसलमान अलगाववाद को बढ़ावा देने के लिए कांग्रेस को बदनाम किया।

उस अभियान का मोर्चा विस्तृत और विविध था। उसमें विभाजन के समय पर मुसलमानों और पाकिस्तान के लिए गाँधी द्वारा की गई न्याय और संवेदना की अपील शामिल थी और नेहरू की अपनी धर्मनिरपेक्षी नीतियों और दृष्टिकोण में मुसलमानों को शामिल करने के बारे में तथाकथित हिचकिचाहट भी शामिल थी। सबसे ज्यादा ध्यान उस अभियान ने मुसलमान जनांकिकी के बारे में प्रचलित धारणाओं को फैलाने पर दिया है। एक समुदाय के रूप में मुसलमानों की वृद्धि-दर को अन्य धार्मिक समूहों से ज्यादा होने का दावा बड़े भावावेश के साथ किया जाता है और कश्मीर को उस दोषारोपण के प्रमाण की तरह इस्तेमाल किया जाता है। दोषारोपण का कारण बहुविवाह प्रथा बताया जाता है, जो बताने वालों के अनुसार मुसलमानों में व्यापक रूप से प्रचलित है। इस अभियान ने कश्मीर को लेकर यह सामान्य सिद्धांत फैलाया कि नेहरू के नेतृत्व में कांग्रेस ने संविधान में कश्मीर को एक विशेष स्थिति देकर उसे एक समस्या बना दिया। अस्सी के दशक से, इंदिरा गाँधी के नेतृत्व में उनकी प्रधानमंत्री पद पर अंतिम अल्पकालिक नियुक्ति के दौरान कांग्रेस ने हिंदू प्रतिस्पर्धी अभियान का जवाब हिंदू मनोभावों के प्रति चिंता दिखाकर दिया और अपनी चिंता को साबित करने के लिए कई युक्तियों को अपनाया। अस्सी के मध्य से नब्बे के मध्य तक राष्ट्रीय लोकाचार को आकार देने वाली अयोध्या की राजनीति ने मुसलमानों के स्वार्थी और दूसरों के प्रति उदासीन होने की रूढ़िबद्ध धारणा को बल दिया। कश्मीर को देखने की दृष्टि इस परिवर्तन से सीधे

प्रभावित हुई। जनता के दिमाग में वह एक संवेदनशील सीमावर्ती प्रदेश बन गया जिसमें अकृतज्ञ लोग रहते हैं और जिनकी व्यथा की उपेक्षा की जा सकती है।

लंबी चलने वाली इस राजनीतिक प्रक्रिया में मीडिया ने जनता की मनोदशा रचने और उसे अस्थिर बनाए रखने में महत्त्वपूर्ण भूमिका अदा की है। इस मामले में इलैक्ट्रॉनिक मीडिया ने एक नई तरह की सामाजिक व्यवस्था के ऐसे साधन की तरह काम किया है जो भड़काऊपन और तात्कालिकता पर टिका हुआ है। जब ऐसे दर्शकों के लिए शाम की खबर के रूप में परोसा जाता है जो दिन भर के काम के बाद टी.वी. के सामने निढाल होकर सोफे पर गिरते हैं तो हिंसा एक मुद्दा बन जाती है जिसका लाइसेंस किसी के पास मुनाफा कमाने के लिए होता है। कश्मीर में उग्रवादियों की हत्याएँ किसी को यह याद नहीं दिलातीं कि वे भी किन्हीं माताओं के जवान बेटे हैं और उनके भी पते और नाम होंगे। न ही उग्रवादियों द्वारा मारे गए सैनिकों के बारे में ये सब याद दिलाया जाता है। टी.वी. द्वारा किया जाने वाला हत्या का निर्वैयक्तिकरण लोकतंत्र में हरेक नागरिक को मिलने वाले इस अजीब ज्ञान से मदद पाता है कि खबरों में जो भी है वह राजनीतिक है, इसीलिए मृतक और हत्यारे राजनीति के खेल में एक साथ हैं। लेकिन, सिनेमा में भी हाल के अतीत में कश्मीर के साथ एक खास तरह का सोद्देश्य बरताव किया गया है। कश्मीर को सहानुभूति के अयोग्य क्षेत्र बनाने की दिशा में सिनेमा ने गंभीर योगदान दिया है। कश्मीर भारत के लिए प्रकृति के सर्वश्रेष्ठ तोहफे का प्रतीक रहा है। हाल के सिनेमा में उसकी छवि एक ऐसी सुंदर जमीन के रूप में परिवर्तित हो गई है जिसके निवासी भरोसा करने लायक लोग नहीं है। *बॉर्डर, मिशन कश्मीर और एलओसी कारगिल* जैसी फिल्मों ने पाकिस्तान से लगने वाली भारतीय सीमा का सजीवीकरण किया है और कश्मीर को घटाकर एक युद्ध-क्षेत्र भर रहने दिया है। जब भी कश्मीर के अपने निवासी फिल्म में दिखते हैं तो उन्हें लगभग हमेशा उन भूमिकाओं में ढाला जाता है जो मुख्य कहानी के प्रवाह को रोकती हैं। कहानी एक पड़ोसी दुश्मन देश से अपनी सीमाएँ सुरक्षित रखने के भारत के राष्ट्रीय अधिकार की अपरिहार्य प्रतीक बन जाती है। कश्मीर के इस

सिनेमाई रूपान्तरण ने उस संवेदनहीनता में खास योगदान दिया है जो पहले से कश्मीरियों की पीड़ा, गरीबी और हिंसा के प्रति व्याप्त थी।

भारत-पाक विवाद के परिणामस्वरूप हुए कश्मीर की ज़िंदगी के अमानुषीकरण के बारे में शेष भारत को बहुत कम पता है। पुरुषों, महिलाओं और बच्चों के दर्द और अपमान की छवियाँ और कथाएँ–हमरा कुरैशी के शब्दों में–'रोज़मर्रा के जीवन की गैरतमाशाई हिंसा'–प्रचलित मीडिया के संसार में जगह नहीं बना पातीं।[2] यह व्यापक रूप से माना जाता है कि कश्मीर पर भारतीय मीडिया की अधिकतर रिपोर्टें सिविल या सैन्य आधिकारिक विज्ञप्तियों पर आधारित होती हैं। उनका फोकस हमेशा कश्मीर की हिंसात्मक घटनाओं पर होता है। कश्मीर के सांस्कृतिक, आर्थिक और शैक्षिक जीवन के बारे में विरले ही कोई रिपोर्ट आती है। आम जिंदगी के पहलुओं में से राजनीति ही ऐसा विषय है जिसे हिंसा की घटनाओं को मिलने वाली अत्यधिक जगह में थोड़ा-बहुत हिस्सा मुश्किल से मिल पाता है। कोई यह तर्क दे सकता है कि ऐसा इसलिए होता है क्योंकि कश्मीर में हिंसात्मक घटनाएँ अक्सर होती हैं, और इसमें क्या हर्ज़ है अगर वे कश्मीर की खबरों में छाई रहती हैं। दो उत्तर बड़ी आसानी से दिए जा सकते हैं। पहला, उत्तर-पूर्व की हिंसा की तुलना कश्मीर की हिंसा से की जा सकती है। दोनों ही क्षेत्रों में हिंसा की संभावना बराबर रहती है लेकिन उत्तर-पूर्वी क्षेत्र पर ध्यान खबरों में जगह और बाद में की जाने वाली कार्यवाही, दोनों दृष्टियों से कम जाता है। इसका कारण यह भ्रान्ति है कि कश्मीर की उग्रवाद की घटनाओं के मुकाबले उत्तर-पूर्व की घटनाएँ राष्ट्रीय सुरक्षा के लिए कम प्रासंगिक हैं और इसलिए उनकी खबरों का मूल्य कम है। दूसरा, कश्मीर की अर्थव्यवस्था, सांस्कृतिक कार्यक्रमों एवं शिक्षा या स्वास्थ्य की खबरें हिंसा की खबरों के बरक्स खड़ी होंगी और उनसे ध्यान हटाएँगी। खबरों का यह व्यापक पटल अगर दूसरे प्रदेशों पर लागू किया जाता है तो कश्मीर पर क्यों नहीं? कश्मीर ने अब एक स्थिर छवि और बाकी भारत के लिए एक विशेष भूमिका अख्तियार कर ली है। उसकी छवि एक ऐसी सुंदर जमीन की है जिस पर रहने वाले लोग भारत का भाग होने को लेकर ज्यादा खुश नहीं होते और उसकी भूमिका असुरक्षा का वह

पुट देने की हो गई है जो राष्ट्र-निर्माण की हर परियोजना को सामान्यतः पोषण देता है। यह डर कि हम कोई मूल्यवान चीज खो देने के खतरे का सामना कर रहे हैं, राष्ट्र-निर्माण के संदर्भ में आम होता है, लेकिन यह बात स्पष्ट नहीं है कि यह डर राष्ट्र-निर्माण के लिए ज़रूरी है।

राष्ट्रीय आज़ादी की आसन्न क्षति का डर ही है जो युद्ध को स्वीकार्य बनाता है। प्रत्येक राष्ट्र अपनी असुरक्षा को अपने मौलिक तरीके से सृजित करता है, जो उसके विशिष्ट लोकाचार से मेल खाता है। जनता भी असुरक्षा की आलंकारिक चर्चा को पसंद करती है खासकर जब उसकी शब्दावली में परिचित विषयों और विमर्शों की गूँज हो। अमेरिका में, व्यक्तिगत आज़ादी का नारा लोगों के मन के सही तार छूता है। व्यक्तिगत स्वतंत्रता के लिए पेश आने वाला खतरा असली लगता है जब उग्रवाद या साम्यवाद के खिलाफ युद्ध को वैध सिद्ध करने के लिए एक राष्ट्रपति उस खतरे की गुहार लगाता है। भारत के मामले में राष्ट्रीय आज़ादी और अखण्डता भी यही काम करती हैं। उपनिवेशिक शासकों से आज़ादी की गाथा को सालों-साल बच्चों को इस विश्वास में समाजीकृत करने के लिए इस्तेमाल किया है कि भारत अपनी आज़ादी खो सकता है और एक बार फिर से गुलाम देश बन सकता है। इस विचार का बेतुकापन किसी को बुरा नहीं लगता कि एक बार ब्रिटेन ने हम पर शासन किया और किसी दिन शायद पाकिस्तान करने लगेगा। सुनने में यह अविश्वसनीय भले ही लगे लेकिन कश्मीर खोने का खतरा उस आज़ादी को खोने के डर का प्रतीक बन गया है जिसे हमने 1947 में एक लंबे और कड़े संघर्ष के बाद पाया था। इस तरह से कश्मीर उस सबसे मूलभूत डर की प्रतिमा बन गया है जो एक राष्ट्र के रूप में हमारे मन में हो सकता है। कश्मीर हमें संज्ञान के एक क्षण में याद दिला देता है कि राष्ट्रीय सुरक्षा का मामला कितना नाजुक है।

कश्मीर एक रिसता हुआ घाव है। उसके लोग आस-पास की हिंसा से घिरे दीर्घकालिक दर्द में जीते हैं और अस्तित्व के हरेक कोने में जो अनिश्चय उनमें घबराहट पैदा करता है, वह एक ऐसी चीज है जिसके बारे में बहुत ही कम हिंदुस्तानी जानना चाहेंगे और अगर किसी तरह से पता चल भी जाए तो कम ही लोग उस पर ध्यान से चिंतन करेंगे।

पढ़े-लिखे, जवान लोगों में बहुत कम लोग कश्मीर के राजनीतिक इतिहास और एक समय में उभरी उसकी सामाजिक संरचना में परिवर्तन की आकांक्षाओं के बारे में जानते हैं। प्रचलित ज्ञान में यह मजबूत एहसास शामिल रहता है कि पाकिस्तान कश्मीर में उलझा है और उसका उलझाव इसीलिए संभव हो पाया है क्योंकि अधिकतर कश्मीरी मुसलमान हैं। कश्मीर की दुर्गति के प्रति बाकी भारत को करुणाहीन रखने के लिए यह अहसास अपने आप में पर्याप्त है। उर्वशी बुटालिया द्वारा संकलित औरतों पर लिखे गए निबंध पढ़कर हम उस डर और संत्रास का एक मामूली-सा अनुभव पा सकते हैं जिसमें कश्मीरी एक दशक से ज्यादा समय से जी रहे हैं।[3] ये निबंध भिन्न-भिन्न शैलियों में लिखे गए हैं— कुछ में अकादमिक संयम है, कुछ में पत्रकारिता वाली सहजता है, बाकी में एक वयैक्तिक रुझान है लेकिन सभी में पाठक की तकलीफ कुछ ही समय में असहनीय हो जाती है। यह समझ आ जाता है कि एक भारतीय नागरिक के रूप में अपनी गरिमा को सुरक्षित रखने और रोजमर्रा के कामों की क्षमता बनाए रखने का एक ही तरीका है कि किताब को पुस्तकालय में लौटा दिया जाए। मैंने सोचा कि यहाँ पर इन निबंधों से एक-दो उद्धरण दूँ जिससे मेरे पाठकों को उस तकलीफ का एहसास हो पाए जो मुझे महसूस हुई। पर मैंने यह विचार त्याग दिया क्योंकि मुझे लगा कि वह उस औरत के प्रति गहरा अन्याय होगा जिसने अपना वह सब खो दिया जिसके सहारे इंसान स्वस्थचित्त रहता है। जब कोई विपत्ति की बात करता है तो संख्या से फर्क नहीं पड़ता लेकिन इस मामले में तो संख्या भी आश्चर्यजनक है। कश्मीर में ऐसी हजारों औरतें हैं जिन्होंने अपमान, आश्रयहीनता सही है और जिनके लिए उम्मीद अब मर चुकी है।

'हम' दिल्ली में रहने वालों या चालू भारत के अन्य भागों में रहने वालों को इन औरतों की चिंता क्यों नहीं होती? उन उत्तरों के अलावा जो हमें भूगोल, मनोविज्ञान, और समाजशास्त्र के सिद्धांतों में धकेलें, एक अतिरिक्त सीधा-सादा सा वैध उत्तर यह है कि वे औरतें हैं और गुरालगान हैं। हमें उनकी पीड़ा की आदत पड़ चुकी है और हमने अपनी उदासीनता को उचित ठहराने के कारण ढूँढ़ लिये हैं। पितृसतात्मक लोकाचार में

औरतों की पीड़ा एक सामान्य बात मानी जाती है और यदि मुसलमान हो तो उनका पहले से माना हुआ पिछड़ापन मदद करता है। जब निर्दयता का इल्जाम साबित करने के लिए ये सारी चीजें गिनाई जाती हैं तो अधिकतर यही जवाब मिलता है कि 'हमें पता नहीं था कि कश्मीर की हालत इतनी बुरी है।' इस तरह का औचित्य, इल्जाम को मीडिया पर खिसका देता है, क्योंकि हम उसी पर निर्भर हैं। एक बार जब दोष का स्थानान्तरण हो जाता है तो उपेक्षा और उदासीनता का औचित्य सुगम और आरामदेह हो जाता है। मीडिया जैसा है, वैसा है, और न तो वह पूरी तरह से स्वतंत्र है और न ही कश्मीर के दैनिक दर्द की खबर देने में दिलचस्पी लेता है। अगर मीडिया ये खबरें देगा तो यह बात राजनीतिक रूप से भ्रमकारी और व्यापारिक रूप से एक बेवकूफी होगी। कश्मीर उदासीनता के पात्र के रूप में ज्यादा सुरक्षित है, बनिस्बत मीडिया की किसी गंभीर जाँच-पड़ताल का विषय बनने के, क्योंकि उस रूप में वह बहुत उबायेगा। उसके पहाड़ और उसकी झीलों को छोड़कर वह बिहार की तरह है : भारत के महानगरों में रहने वालों की रोचक, सफल जिंदगी के लिए एक अनावश्यक चिंता।

कश्मीर तो अब एक खास तरह की ऊन और बिजली के ज़िन्दा तार की एक गेंद बन गया है। जो भी इस गेंद पर चिंतन करने के लिए थोड़ा-बहुत समय निकालता है, वह जान जाता है कि इस गेंद में कभी भी विस्फोट हो सकता है। छोटे विस्फोट तो इतने ज़्यादा होते हैं कि उनकी संख्या हमें चिंतित, भ्रमित और दोनों राष्ट्रों की यथास्थितिपरक तरकीबों को असहायतापूर्वक जारी रख देने के लिए काफी है। नज़र में कोई समाधान नहीं आता क्योंकि किसी को समाधान ढूँढ़ने की चिंता अब है ही नहीं। हिंसा ने एक औपचारिकता का-सा पद पा लिया है; केवल स्थानीय मीडिया सोचता है कि उस औपचारिकता की खबर देना उसके दैनिक काम का हिस्सा है। ऐसी मानवीय घटना की कहानी अक्सर छपती है जिसके एक बॉक्स में उग्रवादियों और सुरक्षा बलों द्वारा-कभी एक साथ-कभी अलग-अलग मारे गए लोगों की संख्या होती है और अन्य कई लोगों की ख़बर रहती है जिनकी हिरासत में मौत हो गई है या जिनकी गैरमौजूदगी इतनी लंबी हो चुकी है कि उन्हें मरा हुआ मान लिया

जा सकता है। उसके बाद उन बच्चों की संख्या आती है जो अनाथ हो गए हैं और औरतें जो विधवा हो गईं हैं। ज्यादातर ऐसी रपटों के साथ यह सूचना दी जाती है कि राज्य प्रशासन विधवाओं, अनाथों, आश्रयहीनों और बुजुर्गों के लिए पर्याप्त प्रावधान करने में असफल हो रहा है। हमें बताया जाता है कि टकराव से पीड़ित सभी लोगों की सेवा के लिए गैर-सरकारी संस्थाएँ जुटी हुईं हैं। इस पर पूछने का मन करता है कि बाकी लोगों का क्या हो रहा है, क्या वे भी इस टकराव से पीड़ित नहीं हैं? उनके बारे में हमारे पास मानसिक बीमारियों और चुनौती का सामना कर पाने में स्वास्थ्य कर्मचारियों की असमर्थता, इत्यादि की रपटें आती रहती हैं।

अगर हम कश्मीर में रुचि लें या विकसित करें तो हम जो ज्ञान पाने की उम्मीद कर सकते हैं, यह उसकी एक झलक है। इस बीच ऊन और बिजली के तार की गेंद को लेकर दोनों तरफ के अधिकारियों में निरंतर खींचा-तानी होती रहती है, उसे एक दूसरे पर उछाला जाता है, उधेड़ा जाता है, दुबारा लपेटा जाता है, यह सब राजनीतिक घटनाओं के महत्त्व के बदलते स्तर के हिसाब से होता रहता है। अगर हम सावधानी से देखें तो हमारा ध्यान अपने दूसरे पड़ोसी चीन पर जाएगा जो कश्मीर का खेल अपने अनोखे अंदाज में खेल रहा है, जिसका लक्ष्य असंख्य एशियाई मुद्दों के लिए भारत का मुँह बंद करना है। उन मुद्दों में तिब्बत की संस्कृति और वातावरण का विनाश शामिल है। कश्मीर का अपना प्रशासन इस दौरान स्थानीय परिरक्षक बनकर रह गया है। सिविल महत्त्व के किसी भी मुद्दे पर प्रशासन जो कदम उठाता है, वे अक्सर छोटे-मोटे होते हैं जिन्हें धैर्य के साथ देखने वालों में करुणा ही जागती है। इसका उपयुक्त उदाहरण है दिल्ली पब्लिक स्कूल में कश्मीर के दस प्रतिभाशाली बच्चों की भर्ती। मुख्यमंत्री ने जब एक सार्वजनिक महोत्सव में यह घोषणा की तब वह कश्मीरी बच्चों की शिक्षा पर अव्यक्त रूप से चिंता दिखा रहे थे। ये बच्चे हिंसा और डर के बीच सरकार द्वारा चलाए जा रहे कोरे, खाली, कंगाल स्कूलों में जाते हैं। सरकार उस व्यवस्था को सुधार नहीं सकती या उस माहौल को नहीं बदल सकती जिसमें स्कूल काम करते हैं और बच्चे तो रोज बड़े होते जा रहे हैं, इसीलिए उन्होंने पब्लिक स्कूल

की संरक्षित, प्रत्यक्ष रूप से सुरक्षित चारदीवारी में उन दस कश्मीरी बच्चों की भर्ती का प्रस्ताव रखा जिन्होंने कुछ कर पाने की संभावना दिखाई ताकि वे आम जिंदगी की घबराहट और परेशानी से बच पाएँ। इस तरह की भंगिमाओं की प्रतियोगिता में, पाकिस्तान के प्रस्ताव को नहीं भूलना चाहिए जिसमें सौ प्रतिभाशाली किशोरों को उच्च शिक्षा के संस्थानों में छात्रवृत्ति का प्रस्ताव रखा गया था। उच्च शिक्षा के संस्थान कहें, या उनके अवशेष जो एक दशक के राजनीतिकरण और अवनति के बाद पाकिस्तान में बचे हैं?

कश्मीर की स्थिति अपूर्वानुमेय रहती है। कभी ऐसा समय होता है जब कहा जाता है कि स्थिति सुधर रही है; दूसरे पल वह फिर नाजुक लगने लगती है। दोनों स्थितियों के अंतर का लेना-देना किसी भी समय में फटने वाले बमों या हत्याओं की संख्या से होता है। दूसरा विकल्प होता है पर्यटकों का लौटना जिसे कश्मीर की दशा का विश्वसनीय सूचक माना जाता है। किसी को एक आम परिवार या समुदायों के बीच में संबंधों की स्थिति की चिंता नहीं होती। कश्मीर का बहुसांस्कृतिक ढाँचा अब खत्म-सा हो रहा है, हालाँकि वह अभी भी इतना नहीं टूटा है कि लौटाया न जा सके। फिर भी, कश्मीर की समस्याओं पर विश्वव्यापी अनुभूतियाँ आधुनिकता की परिचित दिशा में बढ़ रही हैं, यानि सार्वभौमिक मूल्यों का प्रचार करते हुए भिन्नताओं को बढ़ा-चढ़ा कर बताने और उन्हें गहराने की प्रवृत्ति। यह सजातिविषयक आधारों पर क्षेत्रीय पुनःव्यवस्थापन की दिशा है। दीर्घकालिक हिंसा ने इस प्रक्रिया को शुरू कर दिया है, और कई लोग इसे कश्मीर समस्या के समाधान की तरह देखने की गलती करते हैं। आधुनिकता के खेल के दो उपनिवेशित खिलाड़ियों के रूप में पाकिस्तान और भारत अपनी आविष्कारी कल्पना को व्यवहार में लाने में अक्षम साबित हुए हैं! विवाद-समाधान के तरीकों में अस्मिता पर आधारित पुनःव्यवस्थापन एक अनिवार्य हिस्सा होता है। कश्मीर में इसका प्रयोग करना आधुनिकता का एक चरम उदाहरण होगा जो भारत-पाक विभाजन के शुरुआती कदम का स्मरण कराता है। यह तर्कशीलता की पराकाष्ठा होगी और इसके परिणामों का अनुमान लगाया जा सकता है। फिर भी आधुनिक यांत्रिक समाधानों का आकर्षण अनचाहे

परिणामों की पूर्वानुमेयता पर हावी रहता है। यह आकर्षण हमें आधुनिकता के विचार पर ध्यान देने के लिए मजबूर करता है, एक पर्याप्त लंबी साँस के साथ जो इस विचार और उसके ऐतिहासिक फैलाव को याद करने के लिए काफी हो।

जहाँ तक औपनिवेशिक तीसरी दुनिया का सवाल है, कश्मीर जिसका एक भाग है, उसमें आधुनिकता विकास का एक पर्यायवाची है। अगर विकास को एक परियोजना की तरह देखना है, तो वह कश्मीर में निश्चय ही असफल हो गई है। वे आम बहाने, जैसे कि जनसंख्या का दबाव, राजनीतिक सक्रियता की कमी, और आर्थिक संसाधनों का अभाव इस मामले में लागू नहीं होते। अगर वह एशिया का स्विट्जरलैंड नहीं बन पाया जैसा कि पर्यटकों को बताया जाता है तो कारण उसकी भू-राजनीतिक स्थिति में है जिसने उसे लगातार चल रहे युद्ध का शिकार बना दिया है। जो प्रश्न हमें पूछना चाहिए वह है कि क्या कश्मीर को लेकर और कश्मीर में चल रहा युद्ध आधुनिकता से तार्किक रूप से जुड़ा है। इस प्रश्न का उत्तर केवल कश्मीर के संदर्भ में नहीं खोजा जा सकता क्योंकि कश्मीर का भाग्य उससे कहीं ज्यादा आम है जितना हम शायद मानना चाहते हैं। कश्मीर उन नए 'शत-वर्षीय युद्धों' के आधुनिक संसार के कई स्थलों में से सिर्फ एक है जो अंतर्राष्ट्रीय राजनीति, हथियारों के व्यापार और मीडिया के व्यवसाय को बढ़ावा दे रहे हैं। ये सभी उत्तेजनशील बिंदु खोई हुई या खतरे में पड़ी हुई अस्मिताओं की कहानियाँ हैं। अस्मिता की स्वीकृति और सुरक्षा की खोज उन कई मामलों की तह में हैं जिनमें आधुनिकता असफल हो गई है। अस्मिता उस कमजोर बिंदु का प्रतिनिधित्व करती है जहाँ आधुनिकीकरण की परियोजनाओं को कई झटके लगे हैं और उनके कारण इतना खून बहा है कि अंदाज़ा लगा पाना बहुत मुश्किल हो गया है।

आधुनिकता ने बुद्धिसंगतता के बोलबाले का वादा किया था जो साक्षरता और औद्योगिक उत्पाद के नियोजन के स्तंभों पर निर्मित होता। अस्मिता ने आधुनिकता की इस हथेली को भूत जैसी चुनौती दी। उपनिवेशित संसार के एक बड़े भाग में विज्ञान से उस भूत को भगाने की अपेक्षा थी, ताकि लोग आत्मसिद्धि वाला जीवन जीने के लिए

समुदाय और अस्मिता की इच्छाओं से उबरें और मुक्त हो पाएँ। लोगों का कहना था कि यूरोप में भी यह इसी तरह से हुआ था और तीसरी दुनिया में इस कहानी का दोहराया जाना पूर्वानुमित और वांछित था। यह कहानी यूरोप के मध्य भाग में भंग हुई, और अस्मिता के नाम पर छः लाख लोगों की हत्या की गई, इससे आधुनिकतावादियों ने कहीं कोई सबक नहीं सीखा। इक्कीसवीं शताब्दी की शुरुआत में आधुनिकता के निर्माता सामुदायिक अस्मिताओं को संसार के विवाद-ग्रस्त भागों के पुनःव्यवस्थापन के लिए एक संभावित ज़रिए की तरह देख रहे हैं। इराक इस्लामी संसार में धर्मनिरपेक्ष आधुनिकता का उदाहरण है; उसमें सद्दामोत्तर प्रशासन की समस्या के लिए सजातिविषयक राजनीतिक समाधान को वरीयता दी गई। परिष्कृतता के उच्चतम स्तर वाली मीडिया एजेंसियाँ व्यवहार्य और स्वीकृत समुदायों का विवरण देने के लिए शिया और सुन्नी जैसे शब्दों का इस्तेमाल करती हैं। इस तरह का इस्तेमाल इस मान्यता पर आधारित है कि दोनों समूह निश्चय ही अलग हैं। ऐसा माना जाता था कि इस मान्यता में उस युद्ध को सँभाल पाने की क्षमता थी जो इराक पर आक्रमण से शुरू हुआ। अब माना जा रहा है कि इस मान्यता में इराक की युद्धोत्तर देखभाल करने की क्षमता है। तार्किकता पर इस भरोसे की निर्भरता ने उसे सामान्य विवेक से दूर कर दिया है। तर्कपूर्णता यांत्रिक समाधानों को व्यवहार में लाने के असीमित मौके देती है, जैसे कि अमेरिका द्वारा सोवियत संघ के अफगानिस्तान पर नियंत्रण को पलटने के लिए मुजाहिद्दीनों को सक्रिय मदद दिया जाना और स्वयं उसका इस्लामी उग्रवादियों को खत्म करने के लिए अफगानिस्तान पर हमला। इस तरह के कामों में निहित कृत्य जिम्मेदारी से मुक्त होते हैं। डार्फमैन और मैटलार्ट ने पहले के इस तरह के कृत्यों को वाल्ट डिज़्नी द्वारा कल्पित डोनॉल्ड डक से बिल्कुल सही जोड़ा था।[4] अपने साथियों के साथ डोनॉल्ड मजे में एक टापू से दूसरे टापू घूमता, उनका सर्वनाश करता जाता है और दूसरों की पिकनिक के लिए अयोग्य एवं गंदा बनाता जाता है। जीने का यह तरीका एवं उसकी अनुभूति पूर्ण रूप से तर्कशील हैं लेकिन अस्वस्थ भी हैं।

5

आकलन की समस्या

भारत और पाकिस्तान को राष्ट्रीय परियोजनाओं के रूप में आँकना और उनकी तुलना करना मुश्किल है, क्योंकि दोनों परियोजनाएँ आपस में गुँथी हुई हैं। विचारधारा के मायनों में उनकी पृथकता जितनी सुस्पष्ट है उतनी ही साफ आकांक्षाओं, आर्थिक विकास और आधुनिकता के मायनों में समानता है। किसी भी तरह की सार्वभौमिक सामाजिक पदसूची के आधार पर दोनों की आसानी से तुलना की जा सकती है। उदाहरण के लिए, किसी को भी यह विडंबना आश्चर्यजनक लगेगी कि साक्षरता और प्रति व्यक्ति आय के सार्वभौमिक श्रेणीक्रम में भारत और पाकिस्तान सबसे निचले स्तर पर हैं लेकिन पूँजीवादी देशों से हथियार खरीदने वालों की सूची में सबसे ऊपर हैं। दूसरी तरफ कोई उन कारणों पर विचार कर सकता है जिनकी वजह से आँकड़ों के हिसाब से भारत शिक्षा में थोड़ा-बहुत बेहतर कर पा रहा है जबकि पाकिस्तान पोषण के मामले में थोड़ा बेहतर है और गर्भ और प्रसव के दौरान हुई मौतों की संख्या को घटा पाया है। इस तरह की तुलना से एक उद्देश्य तो पूरा होता है : ये बातें घृणा और शत्रुता की कभी न खत्म होने वाली खबरों से ध्यान हटाने का अवसर देती हैं जो बहुत जरूरी बन गया है। पाकिस्तान में भारत के खिलाफ कभी न थकने वाला प्रचार–खासकर हमारी कश्मीर की नीतियों को लेकर–बिल्कुल पागलपन लगेगा अगर हमारे सरकारी टी.वी. चैनल पर हमारा अपना साप्ताहिक कार्यक्रम 'पाकिस्तान रिपोर्टर' न हो। हमारे अखबारों का रिकॉर्ड थोड़ा बेहतर है, लेकिन टी.वी., रेडियो और सिनेमा उसकी भरपाई कर देते हैं। लेकिन अखबारों में भी सीमा पार की इंसानी कहानियों की उतनी ही कमी है जितनी

इलैक्ट्रोनिक मीडिया में। संयुक्त राष्ट्र द्वारा समर्थित पिछड़ेपन के बारे में यदा-कदा दिए जानेवाले तुलनात्मक आँकड़ों से एक सकारात्मक खबर बनती है, जो कि ज़ाहिर है कि अपर्याप्त लगेगी अगर कोई ऐसे भविष्य की कल्पना कर रहा हो जिसमें भारत और पाकिस्तान सच में अपने बच्चों और महिलाओं की चिंता करने लगेंगे और अमेरिका, ब्रिटेन या फ्रांस से दूसरे ने कौन से नए हथियार खरीदे यह जानने की लालसा छोड़ देंगे। कल्याण के आम सूचकों के आधार पर आकलन करें तो दोनों राष्ट्रों में कोई खास या रोचक अंतर नहीं मिलता।

एक गहरे आकलन के लिए हम उन विचारों की तरफ मुड़ सकते हैं जो दोनों को आधुनिक राष्ट्रों के रूप में स्थायित्व और शक्ति देते हैं। पाकिस्तान को देखें तो हमारे पास प्रलिखित संवैधानिक दर्शन की सुविधा नहीं है क्योंकि उपलब्ध सीमित अवधि में लंबा समय लगाकर जो पहला संविधान बनाया गया था वह कम समय के लिए ही चल पाया। ज़िन्ना ने 12 अगस्त, 1947 के अपने भाषण में जो दर्शन व्यक्त किया था उससे पाकिस्तान ऐच्छिक रूप से और इतनी तेज़ी से दूर चला गया है कि अब उस दर्शन के आधार पर उसकी एक प्रभुसत्तात्मक राष्ट्र के रूप में अब तक की यात्रा का आकलन करना बिल्कुल निरर्थक लगता है। जिन्ना की द्विराष्ट्र सिद्धांत की वकालत, जिसने उन्हें विभाजन की माँग करने लायक बनाया, हमें और ज्यादा उलझन में डालती है। अगर 12 अगस्त का आह्वान सच्चा था तो विभाजन अनावश्यक था और उसके लिए चुकाई गई इंसानी कीमत के मद्देनज़र विवेकहीन रूप से संकल्पित था। अपने भाषण में जिन्ना ने विभिन्न धर्मों के लोगों को अपने-अपने उपासना-स्थलों पर जाने के लिए मुक्त महसूस करने को कहा था। इसका आशय सभी धर्मों की बराबरी और व्यक्तिगत निष्ठा का राष्ट्र के प्रति वफादारी से पृथक होना था। अगर पाकिस्तान और भारत दोनों ऐसे होने जा रहे थे तो विभाजन की जरूरत ही क्या थी—कोई बड़ी मासूमियत, उत्सुकता, लेकिन अधिकार से यह पूछ सकता है। जैसे ही हम ऐसी जाँच में घुसते हैं तो एक सीख से चूक जाते हैं। यह सीख इस बात में है कि ज़िन्ना द्वारा दी गई सैद्धांतिक दुहाई घटनाओं की श्रृंखला की महज एक कड़ी थी।

उन घटनाओं की कड़ियों को जिनसे पाकिस्तान का बनना संभव हुआ, एक साथ जोड़ कर देखना काफी आसान है; इस शृंखला को आकार देने में विचारधारा की भूमिका का परीक्षण करना थोड़ा मुश्किल है। कई भारतीय विद्वानों ने इस शृंखला को समझने और पूरा करने की कोशिश की है लेकिन विचारधारा पर वस्तुपरक मत बनाए बगैर। निश्चय ही विभाजन पर काम कर रहे एक 'धर्मनिरपेक्ष' भारतीय विद्वान के लिए यह बड़ी अशोभनीय और विचित्र बात होगी कि वह पाकिस्तान के निर्माण के लिए जिम्मेदार विचारधारा को उसके वस्तुपरक पहलुओं की नज़र से देखे। विद्वत्ता और रुझान साथ चलते हैं, और इस बात की वजह समझना मुश्किल नहीं है। यह तथ्य कि पाकिस्तान की नींव कोई भी 'धर्मनिरपेक्ष' भारतीय विद्वान 'सांप्रदायिक' मानेगा, स्वयंसिद्ध है। धर्मनिरपेक्षता का विमर्श यह माँग करता है कि हम राष्ट्र-निर्माण के लिए धर्म का एक कारक के रूप में उपयोग होने को नामंजूर करें। इस शर्त को सख्ती से लागू करने के पीछे जो तर्क है वह घरेलू है पर एक बार जब वह स्वीकार हो जाता है तो सीमा पार लागू करने के लिए भी उसमें नरमी नहीं बरती जाती। हिंदू राष्ट्रवाद के नज़रिए से भी पाकिस्तान का जन्म समझने योग्य नहीं है, सिवाय एक भावनात्मक शैली के जो सफल साजिशों पर लागू करने के लिए उपयुक्त होती है। जिन लोगों को पाकिस्तान एक घटिया, तर्कहीन सपना लगता है जो आज या कल खत्म हो जाएगा, उन लोगों की धुरी काफी मिलती-जुलती है। धर्मनिरपेक्षतावाद के समर्थकों और उसके आलोचकों में पाकिस्तान के अध्ययन की सार्थकता को लेकर व्याप्त अनुभूतियों में कुछ निश्चित समानताएँ हैं जिन्हें पहचानने की क्षमता वह धुरी हमें देती है। यह कोई बड़ी आश्चर्यजनक बात नहीं है कि पाकिस्तान के प्रति विद्वत्तापूर्ण जिज्ञासा रखने वाले भारतीयों की संख्या बहुत कम है। केवल विद्वान व्यक्ति ही नहीं, पाकिस्तान के अध्ययन के लिए संसाधन लगाने वाले संस्थान भी उल्लेखनीय रूप से कम हैं। दुश्मन देश, वह भी पड़ोसी, की तरफ उदासीनता का कोई उदाहरण किसी ऐसे अन्य राष्ट्र में नहीं मिलता जिसकी सामाजिक शोध की व्यवस्था भारत जितनी विकसित हो। अगर कोई जोड़ीदार है तो वह भी पाकिस्तान ही है, लेकिन वह इस मायने

में जोड़ीदार नहीं बन सकता क्योंकि उसकी अकादमिक प्रणाली बहुत छोटे स्तर की है और काफी समय से क्षतिग्रस्त स्थिति में है। हमारी परस्पर उदासीनता को बस एक भावनात्मक प्रतिक्रिया के रूप में ही देखा जा सकता है जो समय के साथ संस्थागत हो गई है। यह संस्थायीकरण उन कोर्सों या पाठ्यक्रमों की दुर्लभता से साफ जाहिर होता है जिनसे दोनों देशों के बच्चों को दूसरे के बारे में जानने में मदद मिल सकती थी। दोनों तरफ महान साँझी विरासत का महिमागान करने वाले लोगों की भरमार है लेकिन दो विशिष्ट, पृथक राष्ट्रों का आधुनिक स्कॉलर गायब है।

अगर मामला वास्तव में यही है तो हम राष्ट्र-निर्माण की दो परियोजनाओं के आकलन का निष्पक्ष तरीका ढूँढ़ पाने की आशा मुश्किल से ही कर सकते हैं। दोनों की अपनी-अपनी अनुभूतियों में निहित पृथक कसौटियों के आधार पर उनका आकलन करना होगा। पाकिस्तान के लिए पाकिस्तानी परिप्रेक्ष्य से ही काम चलाना होगा। उसके जन्म की किसी भी कथा में असुरक्षा की भावना निःसंदेह सबसे महत्त्वपूर्ण अवयव है। अगर हम विभाजन के बीज़ों की तरफ देखें तो साहित्य और ऐतिहासिक लेखन दोनों ही 1930 के दशक की तरफ इशारा करते हैं, लेकिन असुरक्षा और भय का विमर्श सीधे उन्नीसवीं शताब्दी के उत्तरार्ध तक जाता है, जब प्रतिनिधि शासन की संभावना उभर रही थी। 'मेरा देश, तुम्हारा देश' में जिन पाकिस्तानी स्कूली पाठ्यपुस्तकों का विश्लेषण मैंने किया है वे उन्नीसवीं शताब्दी के उत्तरार्द्ध में विभाजन की जड़ें खोजती हैं जब मुगल ताकतों के संदर्भ में नई सामाजिक-राजनीतिक व्यवस्थाएँ आकार ले रही थीं और जिससे मुसलमान प्रभुत्ववर्ग में एक अनिश्चयता और घबराहट घर कर रही थी। पृथक निर्वाचन क्षेत्र बनाकर उस घबराहट का राजनीतिक प्रबंधन कुछ समय के लिए ही कारगर रहा, लेकिन जैसे-जैसे आज़ादी निकट आती गई, अस्मिता की प्रतियोगी राजनीति रणनीतिक प्रबंधन और विनिमय की सँभाल पाने की क्षमता के परे होती गई। ऐतिहासिक एवं साहित्यिक दोनों ही प्रमाण 1930 की तरफ इशारा करते हैं। उससे पहले एक समंजनकारी अस्मिता को गढ़ने के लिए अच्छा-खासा प्रयास किया गया था और 1930 के उत्तरार्ध से ही यह

परियोजना व्यर्थ लगने लगी। मुमताज शाह नवाज़ के उपन्यास द *हार्ट डिवाइडेड* (युवा लेखिका की हवाई दुर्घटना में मृत्यु के पाँच साल बाद पहली बार 1954 में प्रकाशित) में 1930 के दशक में रोजमर्रा के जीवन का कथा-साहित्यिक वृत्तान्त मिलता है। वह राजनीतिक परिवर्तन और सामाजिक अलगाव का समय था।[1] तीस के दशक के आत्मकथात्मक विवरण की तरह पठनीय यह उपन्यास प्रखरता के साथ समझाता है कि कैसे उसकी कथाकार—एक प्रतिभाशाली किशोरी मुसलमान समाज सेविका—अपनी निष्ठा कांग्रेस से लीग के लिए बदलती है। उपन्यास यह भी दिखाता है कि इतिहासकार एक गंभीर गलती करते हैं जब वे विभाजन के कारण कांग्रेस, मुस्लिम लीग और अंग्रेजों के परिचित त्रिकोण में ढूँढ़ते हैं। कहानी उस विभाजन को उभारकर सामने रखती है जो 1930 के उत्तरार्द्ध तक दिलों में घर कर चुका था, अर्थात भावनाओं और व्यक्तिगत रिश्तों के संसार में। एक सामाजिक-सांस्कृतिक प्रपंच के रूप में आधुनिकता की प्रवृत्ति है कोणीय और अतिव्यक्त होने की। अपने शुरुआती उठाव के दौरान इस प्रवृत्ति ने हिंदू एवं मुसलमान संभ्रांत वर्ग के सामने एक असंभव माँग रखी—या तो और ज्यादा रूप में घुलमिल जाओ या अलग हो जाओ। 1930 के उत्तरार्द्ध के राजनीतिक घटनाचक्र को भावनाओं और प्रतिक्रियाओं के ढाँचे में संदर्भित करते हुए, मुमताज शाह नवाज़ उस समय के किसी भी वृत्तांत के मुकाबले राष्ट्रीय आंदोलन के अंतिम चरण को ज्यादा गहराई से देखने का मौका देती हैं। शाह नवाज़ हमें उस मानस के धीमे समेकन को समझने में भी सक्षम बनाती हैं जो इस आशंका का सूचक था कि कई शताब्दियों के मुसलमान आधिपत्य के लिए आज़ादी के बाद बदले की जितनी इच्छा कांग्रेस के नेता स्वीकरने के लिए तैयार थे, उससे कहीं ज्यादा प्रबल लग रही थी। इस आशंका को हिंदू राष्ट्रवाद से बढ़ावा मिल रहा था। धर्मनिरपेक्ष विद्वान आज भी इस डर और आशंका को एक गलत भावना कहकर खारिज कर देते हैं।

यह डर कि हिंदू राज शीघ्र आनेवाला था और वह मुसलमान आकांक्षाओं की जान-बूझकर उपेक्षा करेगा और अंततः उन्हें कुचल देगा, पहले सामाजिक रूप से संभ्रांत वर्ग में पनपा और शीघ्र ही उसने

राजनीतिक अभिव्यक्ति के तरीके ढूँढ लिये। वह डर कितना गहरा था, और कितना वास्तविक, यह ऐसी बात थी जिसे आँकने की उम्मीद हिंदू संभ्रांत वर्ग से नहीं की जा सकती थी। 1937 के चुनाव के बाद कांग्रेस और मुस्लिम लीग में जो राजनीतिक विच्छेद हुआ उस पर कुछ इतिहासकारों ने गंभीर रूप से ध्यान दिया है, लेकिन उस समय पहले से मौजूद अन्तर्सामुदायिक सामाजिक और सांस्कृतिक विभेदन को बहुत ही अपर्याप्त रूप से पहचाना गया है, यह विभेदन राष्ट्रीय आंदोलन के अंतिम चरण में तेजी से गहराता गया था। इसी को पहचानने की अनिच्छा का संबंध विचारधारात्मक प्रतिबद्धता से है जिसे उदारवादी भारतीयों (निश्चय ही, सब नहीं) की धार्मिक अस्मिता को भावनाओं का वैध स्रोत मानने से इंकार करने की प्रवृत्ति में देखा जा सकता है। फिर भी 1937 के बाद से हिंदू-मुसलमान भेद की गहराई को पहचानने की अनिच्छा का एक गहरा कारण उन ठोस प्रेरणाओं की खोज में है जिनमें बुद्धिवादी विद्धता आज भी लगी हुई है जबकि प्रचुर प्रमाण यह सुझाते हैं कि घटनाओं की गति ने खुद ही राष्ट्रीय आंदोलन के अंतिम दशक में अपनी दिशा को आकार दिया होगा और घटनाओं की गति को रोकना मुश्किल होता चला गया होगा। आसन्न भविष्य की अनुभूतियों में जो विभाजन था वह उस विवाद से जाहिर होता है जिसका आसान शिकार बनी गांधी की 'नई तालीम' की योजना। जर्मन राजनीति विशेषज्ञ जोआखिम एस्टरहैल्ड के विश्लेषण के अलावा कोई भी ऐतिहासिक वजूद वाला ऐसा अध्ययन नहीं है जो कि यह पहचानता और जाँच करता हो कि गाँधी की शैक्षिक परिवर्तन की प्रस्तावना ने विपरीतार्थक व्याख्याओं-खासकर माध्यम और संदर्भ के मामले में-मुस्लिम सार्वजनिक सोच को बेगाना बनाने में क्या भूमिका निभाई, विशेष रूप से गांगेय क्षेत्र में।[2] नई तालीम पर प्रांतीय विधानसभाओं में हुई चर्चाओं को ध्यान से पढ़कर और उन्हें 1930 के दशक के उत्तरार्द्ध के व्यापक राजनीतिक पटल से जोड़कर, एस्टरहैल्ड ने यह स्थापित किया है कि शैक्षिक पुनःसृजन की गाँधी की परिवर्तनवादी प्रस्तावना परिस्थितियों का शिकार बनी और उसने हिंदू और मुसलमान नेताओं एवं उनके अनुयायियों के बीच सामाजिक बँटवारे को और गहरा किया।

एक बार फिर हम देखते हैं माध्यम का नहीं, बल्कि स्थिति की संरचना और उसके हिस्सों के बीच में होनेवाली अंत:क्रिया का महत्त्व होता है। यह स्वाभाविक है कि किसी को भी यह विश्वास करने में कठिनाई होगी कि बच्चों की शिक्षा से जुड़ी कोई चीज़ राजनीतिक रूप से इतनी संवेदनशील और परिणामी हो सकती थी। जब पहली बार मुझे इस विषय के बारे में पता चला तो यह समझने में बहुत मुश्किल हुई कि शिक्षा में परिवर्तन की गाँधी की इतनी सार्थक और हितैषी परियोजना को कोई कैसे इतने अनिष्टकारी और अनिष्टसूचक रूप में देख सकता था जिस तरह भारत के कई भागों में मुसलमानों के सामुदायिक नेताओं ने देखा। पीछे मुड़कर देखें तो हम, कह सकते हैं कि गाँधी की प्रस्तावना में बस एक कमी थी कि वह अपने समय से आगे की चीज़ थी। गाँधी के नाम से जुड़ाव के कारण मुसलमानों के कई सामुदायिक नेताओं की नज़र में उसकी छवि इतनी पैशाचिक बन गई कि गांधी द्वारा चुने गए इस परियोजना के नेता ज़ाकिर हुसैन अपनी ताकत और हिम्मत के बावजूद इस योजना के विरोध से नहीं लड़ पाए।

नई तालीम, यानि वर्धा में घोषित होने के कारण 'वर्धा योजना' नाम से चर्चित परियोजना के बारे में मुसलमानों की प्रचलित अनुभूतियों के तर्क को थोड़ा और समझने की जरूरत है। मोहम्मद मुजीब के आत्मकथात्मक निबंध में दिए गए विवरण की मदद से उन अनुभूतियों को तीस के दशक के उत्तरार्द्ध के आर्थिक और राजनीतिक लोकाचार के संदर्भ में रखा जा सकता है।[3] 1937 के विधानसभा चुनावों में कांग्रेस की जीत और आसन्न भूमि-सुधारों की संभावना ने संयुक्त प्रांत के जमींदार मुसलमान संभ्रान्त वर्ग में एक घबराहट पैदा कर दी। कांग्रेस के नए जवान नेताओं के चेहरे अपरिचित थे और उनकी बोली तो और भी ज़्यादा अपरिचित थी, खासकर भाषा के संदर्भ में क्योंकि उनकी हिन्दी उस हिन्दुस्तानी से काफी भिन्न थी जिसमें उर्दू काफी उदार रूप से मिली हुई थी। जमींदार मुसलमान संभ्रान्त वर्ग की चिंता और बेगानेपन में उस समय एक तरह की नाटकीय अभिव्यक्ति आ गई जब इस वर्ग के सदस्यों का ध्यान इस बात पर गया कि गाँधी की शैक्षिक प्रस्तावना में धार्मिक शिक्षा का कोई स्थान नहीं है। उसकी अनुपस्थिति पर गाँधी का अपना

स्पष्टीकरण था कि प्रचलित धार्मिक आचारों और उनकी शिक्षा से विवाद बढ़ सकता था। मुसलमान आलोचकों ने इस तर्क को इस्लाम को कमज़ोर करने के गुपचुप तरीके की तरह देखा। संगीत और नृत्य के द्वारा गति और संचलन सिखाने जैसे आधुनिक विचारों को मुसलमान लड़कियों को नाच सिखाने की योजना के रूप में गलत ढंग से समझा गया। नई तालीम के विचार के ठीक से समझे जाने की किसी भी उम्मीद को नष्ट करने के लिए मानो इतना सब काफी नहीं था कि समुदाय के नेताओं ने इस योजना को संयुक्त प्रांत से एकदम अलग उस घटना से जोड़ दिया, जिसमें मध्य प्रांत के कांग्रेसी मुख्यमंत्री, रविशंकर शुक्ला ने अपनी 'विद्या मंदिर' नामक योजना के लिए ज़मीन की माँग की थी। पहले से भड़के हुए मुसलमान कानों में यह नाम हिंदू षड्यंत्र के प्रमाण की तरह गूँजा। श्रद्धावान हिंदू और रामराज्य के समर्थक वाली गाँधी की छवि ने षड्यंत्र की इस परिकल्पना को और बल दिया।

ये आरोप हमें आज विस्मयकारी लगते हैं, लेकिन वे एक घबराए हुए संभ्रान्त वर्ग को काफी विश्वसनीय लगते थे जो खुद को संयुक्त प्रांत में एक कमज़ोर समुदाय की तरह देखता था। मुजीब ने अपने वृत्तांत में कहा है कि संभ्रांत वर्ग और उसकी आशंका ने वह आधार बनाया जिस पर विभाजन एक आखिरी विकल्प की तरह दिखने लगा। यह सिर्फ दिल के बँटने का मामला नहीं था जैसा कि मुमताज शाह नवाज़ ने कहा था; यह तो दिमाग के बँटने का भी मामला था। बँटवारे के एक तरफ था कांग्रेस का आत्मविश्वास कि स्वराज जल्दी ही संभव होने जा रहा है; और दूसरी तरफ था मुसलमान संभ्रान्त वर्ग और बाद में सामान्य मुसलमानों का यह डर कि स्वराज्य हिंदू-राज होने जा रहा है। डर की परिचर्चा ने एक दर्शन का आकार लिया जिसमें राष्ट्रत्व के अंश थे और जो सार्वजनिक मानस का आह्वान करने और औपनिवेशक शासकों से लेन-देन करने के फॉर्मूले में संयोजित होने के लिए तैयार था। अब तक हिंदू पुनरुत्थानवाद कांग्रेस के अंदर और बाहर एक राजनीतिक शक्ति बन चुका था, और उसको सँभाल पाने की कांग्रेसी नेताओं की क्षमता अपर्याप्त साबित हो रही थी। इन नेताओं ने दोनों प्रकार के पुनरुत्थानवादों को लेकर एक जैसी चुनौती का सामना किया। ये चुनौतियाँ धर्म और

राजतंत्र को अलग रखने की थीं। इक़बाल के बारे में माना जाता है कि उनके व्यक्तिगत दर्शन ने पाकिस्तान के राष्ट्रत्व को बौद्धिक आधार दिया : उनके लिए राजनीति को आस्था से पृथक करने का धर्मनिरपेक्ष विचार इस्लाम के सिद्धांतों के खिलाफ था। 1930 के इलाहाबाद के अपने भाषण में उन्होंने पूछा कि 'क्या यह संभव है कि इस्लाम को एक नैतिक विचार की तरह सुरक्षित रखा जाए लेकिन राष्ट्रीय राजनीति के फायदे के लिए उसे खारिज कर दिया जाए, जिसमें धार्मिक अभिवृत्तियों को कोई भी भूमिका अदा करने की इजाज़त नहीं होती। यह प्रश्न हिंदू पुनरुत्थानवादियों के लिए भी वैध था, लेकिन जिस संदर्भ में वे एक विचारधारात्मक जीत के लिए लड़ रहे थे, वह अलग था। जिस संदर्भ में इक़बाल का 1930 का प्रश्न सुना गया वह आशंकाओं के ज़रिए फैलने जा रहा था। दशक के अंत तक आशंका इस कदर बढ़ गई कि शिक्षित और जमींदार मुसलमान संभ्रांत लोगों ने बँटवारे के अज्ञात परिणामों की तरफ निर्णायक कदम उठाने की मजबूरी महसूस की।

अपने जीवन के अंतिम चरण में इक़बाल (उनकी मृत्यु 1938 में हुई) की बौद्धिक यात्रा हमें शिक्षित मुसलमानों के आम अनुभव का प्रवर्धित अहसास देती है। 1930 के इलाहाबाद के भाषण में अपने धुँधले विचार को बहस के लिए प्रस्तुत करके भी इक़बाल उसके अर्थ को लेकर अनिश्चित रहे। उनके लेखों और जीवन की तरह ही मुस्लिम लीग के मुखिया के रूप में इलाहाबाद में दिया उनका सुझाव अनकहा या अधूरा ही रहा। आश्चर्य नहीं कि यह बात आज भी विवादास्पद है कि क्या वह इस तरह का विभाजन चाहते थे जो उनकी मृत्यु के नौ साल बाद हुआ। ई.जे. थापसन को लिखे पत्रों (दिवंगत एस. हसन अहमद द्वारा संपादित) में इक़बाल ने इस बात से इन्कार किया है कि उनका विचार जिस तरह से समझा गया उससे अलग था और उस समय के प्रचलित विचारों से भी भिन्न था।[4] 4 मार्च 1934 का उनका पत्र सुझाता है कि इक़बाल अपने आप को 'पाकिस्तान नामक योजना' के अगुवा के रूप में देखे जाने को लेकर व्याकुल थे। वह लिखते हैं कि उनका अपना विचार एक मुस्लिम प्रान्त को बनाने के सुझाव से ज्यादा नहीं था जिसमें भारतीय महासंघ के तहत उत्तर-पश्चिम में 'मुसलमानों की जनसंख्या

ज़्यादा' होती। राजनीतिक परिस्थितियों और उनकी अपनी भावनाओं के साथ-साथ इक़बाल के विचार तीस के दशक के दौरान निरन्तर बदलते रहे। जो समाज अक्सर हिंसात्मक दंगों से ग्रस्त रहता था उसके लिए 1937 के चुनावों की संभावना उनके मन में मुश्किल से ही कोई उम्मीद जगा सकती थी। उनको मत आधारित लोकतंत्र में कम ही विश्वास था; निश्चय ही उन्होंने एक 'भुखमरी वाले और अनुशासनहीन' देश में लोकतंत्र की शुरुआत को अस्त-व्यस्तता के आमंत्रण की तरह देखा। मुसलमानों के लिए खासकर उन्होंने सिर्फ निराश्रितता की प्रत्याशा की, जब तक कि उन पर 'सावधानी अैर समझदारी' के साथ इस्लामी कानून लागू करके शासन नहीं किया जाता। इस को संभव बनाने के लिए कांग्रेस द्वारा समर्थित धर्मनिरपेक्षता और सार्वभौमिक मताधिकार पर आधारित लोकतंत्र के आदर्श से राजनीतिक और प्रशासनिक छूट जरूरी थी। इसीलिए अपने जीवन के अंतिम दिनों में इक़बाल को यह विश्वास हो गया था कि एक क्षेत्रीय प्रावधान, जहाँ मुसलमान बहुसंख्यवाद प्रचलित हो सकता था, ही एकमात्र विकल्प बचा था। अप्रैल, 1938 में उनकी मृत्यु के समय भारत छोड़ो आंदोलन के बाद हुई घटनाओं की गति अकल्पनीय थी। न ही तब तक जिन्ना की नज़रों में पाकिस्तान ने एक राजनीतिक कार्यक्रम का अस्तित्व पाया था। फिर भी, इक़बाल के जिन्ना को लिखे पत्र हमें यह देख पाने का एक मौका देते हैं कि उनके गूढ़ दिमाग ने उस देश के लिए जिसे उन्होंने कभी 'सारे जहाँ से अच्छा कहा था,' एक उत्पीड़ित भविष्य देख लिया था। अपने जीवन के अंतिम चरण में वह हिंदू राज की संभावना को लेकर वाकई विचलित रहे। उनकी यह उम्मीद कि दक्षिण एशिया में इस्लाम पर एक बड़ा सकारात्मक प्रयोग होगा, संयुक्त भारत में उसकी असाध्यता उन्हें निरंतर बढ़ती दिख रही थी। हालाँकि वह बँटवारे की रूपरेखा को स्पष्ट रूप से अवलोकित नहीं कर पाए थे, पर उन्होंने बँटवारे की जरूरत अवश्य महसूस की थी।

धार्मिक बँटवारे के समानान्तर महाराष्ट्र और विन्ध्य-गांगेय क्षेत्र में बसे उच्च जाति के हिंदू संभ्रांत वर्ग के सदस्य सांस्कृतिक राष्ट्रवाद की भाषा गढ़ रहे थे, जिसका कारण थीं आज़ादी के संघर्ष के उस रूप के

प्रति उनकी घबराहट और असंतोष जो संघर्ष ने तीस के दशक में अर्जित कर लिया था। घबराहट का एक मुख्य स्रोत था गाँधी का जादुई नेतृत्व और वह खतरा जो उसने हिंदू समाज व्यवस्था के लिए पैदा कर दिया था। गाँधी की शैली और अर्थछायाएँ ज्योतिबा फुले और अंबेडकर जैसी नहीं थीं, लेकिन अभिप्राय वही था; यानी पद-दलित जातियों की उच्च जातियों के आधिपत्य की दासता से मुक्ति। उस शैली से अन्य सामाजिक संस्थाएं निश्चय ही प्रभावित होतीं खासकर पितृसत्ता। एक विचारधारा के रूप में हिंदू पुनरुत्थानवाद ने सामाजिक रूपान्तरण के डर को कम करने और अपनी तरह के ऐसे सुधार को शुरू करने की आशा जगाई जो जातीय ऊँच-नीच और पितृसत्ता की बुनियादी धारणाओं को सख्ती से प्रभावित करने वाला नहीं था। उसने इस दूसरे परेशान करने वाले विचार का भी समाधान पेश किया कि अंग्रेजों से आज़ादी पाने के बाद भी भारत मुसलमानों से समझौते करता रहेगा। हिन्दू पुनरुत्थानवादी विचारधारा के अर्थ संसार में न्याय का सिर्फ एक अर्थ था : आज़ादी के बाद हिन्दू वर्चस्व के संदर्भ में इस अर्थ में एक सुव्यक्त 'हिन्दूपना' और मुसलमानों से प्रतिद्वन्द्विता का स्थायी भाव अन्तर्निहित था।

सारांश में, जिस पृथकतावादी आंदोलन से पाकिस्तान का निर्माण हुआ उसकी जड़ों में घबराहट का भाव था। अगर पाकिस्तान के निर्माण भाव, खासकर घबराहट से संचालित उसके अभ्यन्तर का यह विश्लेषण सही है तो पाकिस्तान की राष्ट्र-निर्माण की परियोजना का आकलन यह पूछकर करना काफी उपयुक्त और न्यायसंगत होगा कि क्या उसने पाकिस्तान के नागरिकों, खासकर बच्चों, को भय से मुक्ति दिला दी है। सीधा, स्पष्ट उत्तर है 'नहीं'। पाकिस्तान पर आज भी भय के बादल मँडराते रहते हैं। यह हम भारतीयों की समझ से परे है, सिवाय मज़ाक उड़ाने, शेखी बघारने या खिल्ली उड़ाने के आधार के रूप में जो इस पर निर्भर करता है कि हम किस विशिष्ट विचारधारात्मक स्ववृत्ति के हैं और भारत की सकारात्मक आत्मछवि में कितने डूबे हुए हैं। अगर कभी हम में से कई लोगों के दिमाग में यह विचार आ जाए कि भारत का डर एक गहरी मनोवैज्ञानिक सच्चाई बन जाए जिसमें हमारे करीबी पड़ोसी को रहना पड़े तो यह बहुत ही बेढंगा विचार होगा। सच्चाई तो

यही है कि भारत का डर पाकिस्तान की अस्मिता को गढ़ने का एक आधार है-यहाँ तक कि बच्चों को भी इस भावना से ओत-प्रोत करने के लिए समाजीकृत किया जाता है। जब लाहौर के एक स्कूल की नौवीं कक्षा की लड़कियों के साथ चर्चा करते समय मैंने पूछा, 'पाकिस्तान ने परमाणु बम क्यों बनाया?' एक लड़की ने चौदह वर्ष की उम्र वाली अधीरता के साथ कहा : क्या 'आपको पता नहीं है कि हमें भारत से डर लगता है?' कुछ प्रशासनिक अधिकारियों समेत कई भारतीय कहेंगे कि उन्हें हमसे डर लगना भी चाहिए। पाकिस्तानी वयस्क लोगों के व्यवहार की एक आम बात भारत के भय को नकारना है। पाकिस्तानी उदारवादी सोच में यह भाव है कि भारत हमला करने या खत्म करने की बजाय पाकिस्तान को अपने प्रभाव की परिधि में रखना बेहतर समझेगा। इस तरह का विवेकशील संक्षेपण शांति स्थापित करने में एक तरह का योगदान देता है लेकिन उस प्रचलित मानस की उपेक्षा करता है जो स्मृति और मिथकों में जीता है। यह प्रश्न रोचक है कि पाकिस्तान भारत के भय से क्यों नहीं उबर सकता।

पाकिस्तान की कल्पना दक्षिण एशिया के मुसलमानों के घर के रूप में की गई थी : एक ऐसी जगह जहाँ वे इस्लाम के आदर्शों को चरितार्थ करने के लिए अपने आप को सुरक्षित और आज़ाद महसूस कर सकें। उम्मीद थी कि समय के साथ पाकिस्तान एक आदर्श इस्लामी राष्ट्र बन जाएगा, जो इस्लाम की इंसान को मार्गदर्शित करने की क्षमता को साकार करने वाला आदर्श लोक होगा। उसमें इंसान इस्लाम से सीख पाएँगे कि वे अल्लाह के बंदों के रूप में कैसे व्यवहार करें और सच्चाई, निःस्वार्थता एवं निष्पक्षता जैसे गुणों का पालन करते हुए जिएँ। जिन्ना का ऐसे देश का दर्शन, जहाँ अल्पसंख्यकों को सहृदयता से सहन किया जाएगा और इज्जत दी जाएगी एवं अपनी आस्था और परंपराओं का पालन करने की आज़ादी होगी, एक आदर्श इस्लामी राष्ट्र के विचार से असंगत नहीं था। आज़ादी के बाद से पाकिस्तान का इतिहास और उसका वर्तमान यथार्थ उन कठिनाइयों के बारे में संदेह की कम ही गुंजाइश छोड़ते हैं जो पाकिस्तान को इक़बाल और जिन्ना के दर्शनों का अनुसरण करने में हुईं। राजमंदिर[5] में इन दोनों नेताओं की हैसियत सर्वोच्च और दूसरों से

अलग रही है। दोनों में से इक़बाल का चेहरा पाकिस्तानी समाज के बारे में ज्यादा प्रश्न जगाता है जो असहिष्णु और हिंसा-प्रवृत्त बन गया है; जिन्ना का चेहरा ज्यादा आश्वासन देता है या जब ये दो प्रतिमाएँ इकट्ठी खड़ी होती हैं तो देखने वाले को ऐसा लगता है; उन पर मेरी अपनी प्रतिक्रिया के मनन के वास्ते मेरी पसंदीदा जगह है लाहौर का रेलवे स्टेशन। कुछ अनोखे ढंग से बना हुआ—जो आज अपव्ययी रूप से विशाल लगता है (क्योंकि वहाँ से चलने वाली रेलों की संख्या इतनी कम है), और जिसमें सीढ़ियाँ प्लेटफार्म तक ले जाती हैं—एक व्यस्त अतीत की कहानी कहता है। जीना बिल्कुल अँधेरा है लेकिन इक़बाल और ज़िन्ना की तस्वीरें एक बड़े वादे, बड़े सपने की याद दिलाती हैं; ज़िन्ना का चिन्ताकुल चेहरा एक अकेले सेनानी की थकान जाहिर करता है जो सपना देखता रहा और फिर बोध के क्षणों में जिसने पाया कि वह सपना कितना अजीबोगरीब था। दशकों पश्चात् ऐसा लगता है जैसे सपने को साकार करने में आई कठिनाइयाँ सकारात्मक शक्तियों से संख्या में ज्यादा हो गईं। सिविल समाज और मौलानाओं के बीच में हरेक चीज़ को लेकर एक गहरा विवाद है। जैसा कि ज़माल मलिक ने अपनी किताब *'द कॉलोनाइजेशन ऑफ इस्लाम'* में भयावह स्पष्टता के साथ दिखाया है, सत्तर के उत्तरार्ध से मौलाना लोग उदारवादी अंग्रेजी-शिक्षित संभ्रांत व्यक्तियों को तेजी से सिकुड़ती आत्म-संयम की सीमाओं में प्रभावी रूप से ढकेलते रहे हैं।[6]

पाकिस्तानी समाज के इन धड़ों के बीच यह रस्साकशी शिक्षा में काफी स्पष्ट रूप से दिखती है। पाश्चात्य हो गए संभ्रांत वर्ग अपने विशिष्ट महँगे स्कूलों पर नियंत्रण रखते हैं, पर उसके अलावा कुछ खास नहीं। ज़िया के शासन में बनी इस्लामीकरण की नीतियों का सरकारी स्कूलों पर इतना गहरा प्रभाव पड़ा कि उनकी मृत्यु के दो दशक बाद भी वह बरकरार है। मदरसों की तो खैर कहानी ही अलग है। हाल के वर्षों में सेना-बलों ने अपनी राजनीतिक और नागरिक भूमिका को सार्वजनिक वैधता दिलाने के लिए मुल्लाओं और मौलवियों को सक्रिय रूप से इस्तेमाल किया है। अफगानिस्तान में मौलानाओं द्वारा चलाई जा रही शिक्षण संस्थाओं का अमेरिकी फायदों के लिए सैन्यीकरण किया

गया। इस बदलाव के निहितार्थ सिविल समाज के लिए प्रत्याशित रूप से घातक साबित हुए हैं। पाकिस्तान की उच्च शिक्षा का स्व-विघटन शायद बच्चों की शिक्षा के इस्लामीकरण से ज्यादा दुखद है, क्योंकि वह उन बुद्धिवादी संसाधनों के अपवाह को दर्शाता है जिनकी ज़रूरत किसी भी राष्ट्र की स्वाधीन आत्मा के निर्माण के लिए होती है। किसी भी नेता या विद्वान से ज्यादा इक़बाल ने उस स्वाधीन आत्मा का प्रतिनिधित्व किया। उन्होंने इस्लाम पर ऐसा भाष्य दिया जो दार्शनिक पुनर्व्याख्या के किसी भी मानदंड पर अनोखा है और इस्लाम में चिंतन की पुरानी परंपरा को चुनौती देता है। एक देश जिसके विश्वविद्यालय मर रहे हैं, इक़बाल के दर्शन का अनुमोदन मुश्किल ही कर सकता है, चाहे वह उस दर्शन को लेकर कितना ही हर्षित हो ले। पाकिस्तान आज तक बस उसे एक प्रतीकात्मक अर्थ में ही सुरक्षित रख पाया है। लेकिन कोई कह सकता है कि पाकिस्तान के विश्वविद्यालय जो दर्द सह रहे हैं वह अनोखा नहीं है। हम वैसे लक्षण उपनिवेशित संसार के कई भागों में देख सकते हैं जिनमें भारत भी शामिल है। नए विचारों की तरफ उदासीनता और अलग तरह से सोचने वाले काबिल लोगों के प्रति असहिष्णुता भारत के विश्वविद्यालयी जीवन की आम बातें हैं। बस फर्क इतना है कि हमारे विशाल आकार के कारण बुद्धिजीवियों के विदेश जाने ने भारत को उतना प्रभावित नहीं किया है जितना पाकिस्तान को। कुछ विषयों में पाकिस्तानी विश्वविद्यालय इतनी बुरी तरह से खाली हो चुके हैं कि इन विषयों को पढ़ाने के लिए शिक्षक ही नहीं बचे हैं; अन्य में घिसे-पिटे शिक्षण और शिक्षण कार्य की घिसटती-सी खानापूरी होती है।

ज़िन्ना की विरासत के लिए अस्तित्व का संघर्ष बहुत कठोर साबित हुआ है। जिन्ना एक धर्मनिरपेक्ष राष्ट्र चाहते थे, जो धार्मिक जीवन एवं राजशासन में दूरी बनाए रखता। उनकी इस इच्छा कि दृष्टि से देखें तो पिछले चार दशकों का पाकिस्तान का इतिहास उल्टी दिशा में तय की गई एक प्रगति दिखाता है। जिन्ना का सपना एक ऐसे देश का था जहाँ अल्पसंख्यक अपने धर्म का पालन करने के लिए सुरक्षित और आज़ाद महसूस करेंगे, लेकिन हिंदुओं और ईसाइयों की वर्तमान स्थिति अल्पसंख्यकों की असहाय नियति का दुखद प्रमाण देती है। न उनमें

सुरक्षा की भावना है और न ही समानता की। समानता और गरिमामयी व्यवहार के लिए उनका संघर्ष बहुत लंबा होने जा रहा है। यह उन कठिनाइयों से साबित होता है जिनका सामना वे शिक्षा और रोज़गार के द्वारा होने वाले विकास के हर चरण पर करते हैं। लेकिन मुसलमान समाज के भीतर भी ऐसी दरारें हैं जिनके कारण सिविल व्यवस्था के साधारण उपकरण कुछ खास नहीं कर पाते। औरतों की स्थिति भी निराशा ही झलकाती है। मुख्तारन बीबी, जिसका बदला लेने के उद्देश्य से सामूहिक बलात्कार किया गया था, का मामला एक भूला-भटका प्रसंग नहीं था, सिवाय उस अतिमानवीय निर्भयता के जिसके साथ वह अपने उत्पीड़कों से युक्तिमूलक तरीकों की मदद से लड़ रही है।

पाकिस्तान के शिक्षित संभ्रांत लोग और आज के नीति विधायक शायद इस बात से परिचित हैं। उनकी जागरूकता का एक लक्षण है 'लोक विरसा'–इस्लामाबाद का लोकवार्ता का राष्ट्रीय संग्रहालय जो महिलाओं के जीवन के इर्दगिर्द बड़ी निपुणता से संरचित है। लोक विरसा का उद्‍घाटन 2004 में किया गया था। इस्लामाबाद में आप जितने लोगों से मिलेंगे उनमें से अधिकतर ने उसे नहीं देखा होगा। कुछ उसकी मौजूदगी के बारे में सामान्य जानकारी यह कह कर दिखाते हैं कि वह शहर के बाहर की तरफ है। यह तो बिल्कुल असंभाव्य है कि कोई ऐसा मिले जो अन्य काम छोड़ने के लिए जोर डाले और कहे कि 'देखिए आप को लोक विरसा तो देखना ही चाहिए। पूरे संसार में उस जैसा कुछ नहीं है।' शिक्षित पाकिस्तानी, जिनमें सरकार के लिए काम करने वाले शामिल हैं, इस तरह के लोग नहीं हैं जो कभी यह कहें कि पाकिस्तान ने कुछ ऐसा बनाया है जो रचना और प्रस्तुति में अनोखा है। वह इस बात को लेकर मन बना चुके हैं कि उनके देश की हर नई चीज साधारण है और पुरानी चीजें उपेक्षित हैं और टूट-टूट कर बिखर रही हैं। तो लोक विरसा अनूठी चीज कैसे हो सकती है? खैर, दरअसल वह है अनूठी। नृजाति विज्ञान के कई संग्रहालय मैंने देखे हैं जिनमें ओसाका और बर्लिन के संग्रहालय शामिल हैं–उनमें शिल्पकृतियों का इतना विस्मयकारी संग्रह नहीं है और न ही रंगों की भव्यता या रूपरेखा की परिष्कृतता जो लोक विरसा में है। आगन्तुक को समुदायों की छवियों और वाणियों का जैसे

एक उत्सव-सा दिखाया जाता है जो पाकिस्तान की उस रूढ़िवादी छवि में भी नहीं समा सकता जो हमारे दिमागों में है। न केवल आलेखीय, वास्तुकलात्मक और सांगीतिक रूपों में बल्कि लोक विरसा में ईश्वर और उपासना को संकल्पित करने के तरीकों से भी एक ऐसे राष्ट्र का व्यक्तित्व जाहिर होता है जो अपनी सांस्कृतिक विविधता पर गुप्त रूप से हर्ष करता है।

एक विदेशी आगन्तुक के मन में यह सवाल उठता है कि क्या यह असली पाकिस्तान है या महज़ एक प्रदर्शन-खिड़की है? अगर दूसरी अटकल ज्यादा सही है तो भी लोक विरसा एक इच्छा को व्यक्त करता है जो घोर कष्टकर परिस्थितियों में भी मरी नहीं है। एक भारतीय होने के नाते मुझे इस इच्छा में पाकिस्तानी अस्मिता की दक्षिण-एशियाई परत की निरंतरता दिखाई देती है। आधिकारिक रूप से सृजित अस्मिता के बावजूद इस परत ने विविधता की पहचान और रूमानी ग्रामीण सहजता की ललक को जिंदा बनाए रखा है। यह तथ्य, कि लोक विरसा औरतों को समर्पित है, सुझाता है कि मानव अधिकारों के मामले में बुरा रिकार्ड होने के बावजूद पाकिस्तान के संभ्रांत लोग जानते हैं कि औरतों के संदर्भ में, उनके न्याय के अधिकार और उनकी मानवता की स्वीकृति के मामले में एक आधुनिक पाकिस्तान बनाने की ज़िन्ना की परियोजना एक कड़ी चुनौती का सामना करती रही है। उतनी ही मुश्किल है अल्पसंख्यकों के वंचन या सामाजिक दूरी को नियंत्रण में रखने की नैतिक और कानूनी लड़ाई। पाकिस्तान अपने सामाजिक विविधता लिए चरित्र के साथ धार्मिक पृथकतावाद के आधार पर पैदा हुए राष्ट्र के रूप में अपनी ऐतिहासिक विरासत से समझौता करने में समर्थ है कि नहीं, यह अभी भी एक बड़ा प्रश्न है। अगर हम उन लोगों से सहमत होने का निर्णय लेते हैं जो मानते हैं कि जिन्ना एक भ्रमित व्यक्ति थे जिन्होंने व्यक्तिगत गुस्से से एक अनर्थकारी दर्शन और विभाजक राजनीति को आकार दिया तो हम पाकिस्तान के लिए कोई उम्मीद नहीं बचाते। फिर तो, हम पाकिस्तान को समझने में भी कोई फायदा नहीं देख सकते, खासकर यह जानने में कि वह उस घबराहट पर काबू पाने में क्यों असफल हो गया है जिसके कारण उसका जन्म हुआ और जो उसकी मनः स्थिति पर छप

गई है, इस भाव के साथ कि अब तो उसे उसके साथ ही जीना सीखना होगा। दूसरी तरफ, अगर हम अस्मिता की आधुनिक लालसा से संचालित सामाजिक और सांस्कृतिक संसार के संदर्भ में ज़िन्ना के जीवन और राजनीति को देखें तो हम पाकिस्तानी राष्ट्र-निर्माण परियोजना में कुछ अर्थ देख पाएँगे और यह आशा जता पाएँगे कि अपनी तमाम कमजोरियों और कई मोर्चों पर असफलताओं के बावजूद वह अपनी मूल घबराहट से उबर जाएगा।

समानान्तर भारतीय परियोजना का आकलन करने के मापक ढूँढ़ना शुरू में भ्रामक रूप से कम मुश्किल लगता है क्योंकि शासन का मार्गदर्शन करने वाला संविधान उपलब्ध है। यह कहा जा सकता है कि संविधान में निहित भारत का दर्शन, भारतीय राष्ट्रीय परियोजना के आकलन का वैध मापक हो सकता है। अगर हम वर्तमान भारत की बात करने के लिए 'आधुनिक' शब्द का इस्तेमाल करते हैं, तो हम यह कहने के मोह में आ जाते हैं कि आधुनिक भारत अतीत से एक विच्छेद दिखाता है, इसीलिए विच्छेद के आधारों का इस्तेमाल भारत की आधुनिकीकरण की प्रक्रिया का आकलन करने के लिए किया जा सकता है। इस तर्क के सामने फौरन एक चुनौती इस तथ्य से निकल कर आती है कि अंग्रेजों के शासन से आज़ादी पाते वक्त भारत का जन्म नहीं हुआ था। यह तर्क रखा जा सकता है कि पाकिस्तान, जिसके जन्म की एक विशिष्ट तारीख है, से अलग भारत का तो संज्ञात्मक रूप में और अपने वास्तविक अर्थ में भी निरंतर चला आ रहा अस्तित्व है। आधुनिकता के मानक लक्षणों का भारत के आकलन के लिए इस्तेमाल काफी आसान है, और कई लोग तो सजगता के साथ या बिना उसके यही कर रहे हैं। हम भी इस रास्ते पर चल सकते हैं और आधुनिकता के जाने पहचाने मानदण्ड लागू करके आधुनिक भारत का आकलन कर सकते हैं, जैसे कि व्यक्तिगत विकल्पों के चुनाव की संभावना, नागरिक भावना का अहसास और राजनीति में विवेकशील तर्क के लिए उपलब्ध जगह। आकलन के परिणामों की कल्पना भर शुरू करते ही एक घबराहट हमें जकड़ लेती है कि भारत के लंबे आधुनिकता-पूर्व इतिहास के बावजूद उसे इतना जल्दी आकलित करने की हमारी अधीरता उसके साथ गंभीर

अन्याय कर सकती है। भारत की आयु एक प्रासंगिक कारक लगती है और अगर हम यह स्वीकारते हैं तो इस बात को मान लेते हैं कि आज़ादी के बाद अतीत से सही मायनों में विच्छेद नहीं हुआ। यह एक न्यायसंगत प्रश्न होगा-क्या पाकिस्तान के निर्माण से उसका अपने आधुनिकता-पूर्व अतीत से विच्छेद हो पाया? जाहिर है कि नहीं हुआ; पाकिस्तान वास्तव में भारत के आज़ादी पूर्व के अतीत का सहभागी है, चाहे वह उस अतीत को भारत के इतिहास से अलग रूप में देखना पसंद करता है। इस तरह से, पाकिस्तान की राष्ट्र-निर्माण परियोजना का जिन्ना के आधुनिकता के स्वप्न पर आधारित हमारा आकलन तभी तक वैध है जब तक हम उसे भारत के आकलन से मिलाकर देख सकें, आधुनिकता और विकास के उस स्वप्न के आधार पर जो संविधान में वर्णित है।

दोनों ही मामलों में लगता है कि आकलन के आधार की तरह एक विशेष कारक पर ध्यान देने की जरूरत है। पाकिस्तान के मामले में विशेष कारक है उसकी एक ऐसे राष्ट्र के रूप में अस्मिता जिसके निर्माणकर्त्ताओं ने भारत के विभाजन को रोकने के प्रयासों का विरोध किया। भारत के मामले में विशेष कारक है विभाजन के बावजूद उसकी सांस्कृतिक विविधता और आस्था की स्वतंत्रता को सुरक्षित रखने की संवैधानिक प्रतिबद्धता। अगर इस वादे के आधार पर भारत का आकलन होना है तो अन्य धार्मिक अल्पसंख्यकों के बदले मुसलमानों का मुद्दा ज्यादा प्रासंगिक है। दूसरे धार्मिक समुदायों के मुकाबले मुसलमानों के पास भारत में एक विशेष राजनैतिक-सांस्कृतिक जगह है, और शासन के धर्मसार रूप में धर्मनिरपेक्षतावाद की नियति इस बात पर पूरी तरह से निर्भर है कि भारत के विभिन्न प्रांतों और आधुनिक जीवन के पहलुओं में मुसलमान कैसी स्थिति में हैं और कैसा महसूस करते हैं। इसी तरह से पाकिस्तान के भारत से संबंधों का ज्यादा और अनोखा महत्त्व है, हालाँकि उसके मध्य-पूर्व में स्थित इस्लामी राष्ट्रों और सबसे शक्तिशाली संयुक्त राष्ट्र अमेरिका समेत अन्य देशों से जो संबंध हैं उनसे पाकिस्तान की राजनीतिक अर्थव्यवस्था और अंदरूनी संसजकता पर महत्त्वपूर्ण असर पड़ता है। इसी पहलू से देखें तो सामाजिक और राजनीतिक रूप से चीन समेत किसी भी अन्य देश के मुकाबले पाकिस्तान से हमारे शांतिपूर्ण

संबंध ज्यादा महत्त्वपूर्ण हैं, चाहे संसार के देशों के वृहत्त समूह से हमारे मजबूत संबंध हैं और हमारी सार्वभौमिक प्रतिष्ठा पर पाकिस्तान से विवाद का उतना फर्क नहीं पड़ता।

अर्ध शताब्दी से ज़्यादा समय बीत जाने के बाद भी पाकिस्तान भारत को हिंदू देश मानता है और भारत के धर्मनिरपेक्ष होने के दावे को गंभीरता से नहीं लेता। पाकिस्तान अपने बच्चों को काफी खुले रूप से इस बात के लिए शिक्षित करता है कि वे हिंदुओं और उनके देश पर शक करें और भारत में जब हिंदू-मुसलमान दंगे होते हैं तो पाकिस्तान अपने आप को न्यायसंगत महसूस करता है क्योंकि दंगे भारत के धर्मनिरपेक्ष देश होने के दावे को खंडित करते हैं। यह मत बड़ा आम है कि मुसलमान भारत में अलग-थलग और गरीबी में रहते हैं और कई पाकिस्तानी टीकाकारों के यात्रा-वृत्तांतों में यह भावना झलकती है। मुझे इस भावना का छोटा सा अनुभव कुछ साल पहले दिल्ली-लाहौर बस में सीमा पार करने के बाद हुआ, जब पाकिस्तानी पर्यटन विभाग में काम करने वाले एक बैरे को मैंने यह कहते हुए सुना कि 'हम गरीब हैं, लेकिन कम से कम आज़ाद हैं।' उसने शायद मुझे मुसलमान समझा था। भारत के घरेलू दृश्य की तस्वीर के अलावा भविष्य का पाकिस्तानी मत भारत की उस रूढ़िवादी धारणा से निर्दिष्ट होता है जिसके तहत स्कूली पाठों में भारत को हिंदुओं के देश की तरह वर्णित किया जाता है जो अविश्वसनीय, कपटी और धूर्त बताए जाते हैं। भारत द्वारा पाकिस्तान पर आक्रमण की पहल का कोई रिकार्ड नहीं है। इस इतिहास के बावजूद पाकिस्तान की नीति इस मान्यता में डूबी हुई है कि भारत पाकिस्तान का अस्तित्व अंततः खत्म कर देना चाहता है। परमाणु बम रखने और अपनी सारी सैन्य तैयारी के बावजूद पाकिस्तान एक भय और आशंका की स्थिति में जीता है। पाकिस्तान के डर की 'सच्चाई' (इसमें कोई आश्चर्यजनक बात नहीं है कि भारतीय उसे महत्त्व नहीं देते) किसी अनुभव या प्रमाण से नहीं निकली है बल्कि एक गहरे स्रोत से निकली है जो उसकी जन्मपूर्व राष्ट्रीय स्मृति में बसा हुआ है। यह वास्तविकता कि हिंदू दक्षिणपन्थी शासन के दौरान पाकिस्तानी सरकार को शांति-समझौता करना उल्लेखनीय रूप में सुविधाजनक लगा, एक विरोधाभास

की तरह लग सकती है, लेकिन अगर हम एक क्षण के लिए उस पर गौर करें तो हमें एक परिचित अंतर्दृष्टि दे सकती है। 'दूसरे' के साथ व्यवहार करना, जिसे हम केवल एक रूढ़िवादी धारणा के अर्थों में देखते हैं, वह आसान और बिना जोखिम भरा लगने लगता है, विशेषकर जब 'दूसरा' उस धारणा के अनुरूप व्यवहार करे।

पाकिस्तान के मन में भारत को लेकर पैठी रूढ़िबद्ध धारणा उस समय जाग उठी थी जब अपने सहिष्णु और व्यवसाय-आधारित संस्कृति के लिए जाना जानेवाला गुजरात 2002 के वसंत में क्रूर बर्बादी में डूब गया था। गुजरात दंगों से भारत की अपनी छवि धूमिल हुई और सांस्कृतिक बाहुल्यता को एक गुण समझने वाले समाज के रूप में जो दूसरों का उसके बारे में मत था, उसे भी गहरा आघात पहुँचा। ये दंगे विशेष रूप से अहितकारी थे क्योंकि उन्होंने इस आम आस्था को हिलाकर रख दिया कि आधुनिकता और विकास से धर्मनिरपेक्षता को मजबूती मिलती है। आर्थिक और शैक्षिक रूप से विकसित राज्य के रूप में गुजरात ने केरल के वैकल्पिक मॉडल की पदवी पा ली थी। केरल की कमजोरी इस तथ्य में है कि शिक्षा का प्रसार दीर्घकालिक आर्थिक विकास को प्रवर्तित करने में असफल रहा है। 1984 में दिल्ली में इंदिरा गाँधी की हत्या के बाद हजारों सिक्खों को पाशविक तरीकों से मारा गया था। सिक्खों के खिलाफ दिल दहलाने वाले दंगे हुए थे और उनमें सरकार की घृणित भूमिका थी, पर 2002 में गुजरात के दंगों से पैदा हुआ संकट ज़्यादा गहरा है क्योंकि गुजरात में की गई सामूहिक हत्याओं की पृष्ठभूमि में विशिष्ट विचारधारा और एक तरह की तैयारी थी।

गुजरात में कई दिनों तक चलने वाली हिंसा से भारत का धर्मनिरपेक्ष ढाँचा हिल गया था, बिल्कुल बिगड़ गया था। अनुवर्ती राजनीतिक बदलावों ने साँस लेने की कुछ संभावना बनाई जिसको यह समझने के लिए इस्तेमाल किया जा सकता है कि भारत का धर्मनिरपेक्ष राजतंत्र इतना संवेदनशील क्यों है। इस संवेदनशीलता का एक स्रोत है भारत का पाकिस्तान के साथ शत्रुतापूर्ण रिश्ता। हालाँकि यह स्पष्ट है कि भारत इस रिश्ते के मौलिक चरित्र को बदले बिना अपना काम चला सकता है, पर भारत के सामाजिक-राजनीतिक स्वरूप की संवेदनशीलता बनी रहेगी और

गहरी होती जाएगी अगर पाकिस्तान के साथ रिश्ता क्रान्तिकारी रूप से सुधरेगा नहीं। भारत-पाक शांति की संभावनाओं के लिए पाकिस्तान के घरेलू संघर्ष तो महत्त्वपूर्ण कारक हैं ही, लेकिन जिन उतार-चढ़ावों से पाकिस्तान गुजर सकता है वे काफी हद तक पूर्वानुमेय हैं। दुख की बात है कि उन उतार-चढ़ावों के प्रति हमारी प्रतिक्रिया भी बुरी तरह से पूर्वानुमेय है। समय और रिश्तों में एक सकारात्मक रास्ते की कल्पना इसी उम्मीद के संदर्भ में की जा सकती है कि कम से कम एक तरफ के लोग शायद अप्रत्याशित ढंग से व्यवहार कर लें।

2004 की गर्मियों में हुए संसदीय चुनावों के बाद केंद्र में धर्मनिरपेक्ष संभ्रांत वर्ग के पास सत्ता लौटी, लेकिन उन लोगों की जनता को समझने लायक पहल शक्ति और सत्ता में धर्मनिरपेक्ष दृष्टिकोण फैलाने की क्षमता सीमित ही रही। यह एक तर्क है कि भारतीय लोग स्वाभाविक रूप से धर्मनिरपेक्ष हैं; इस तर्क का एक हिस्सा सांस्कृतिक राष्ट्रवादियों द्वारा यह दावा करने के लिए इस्तेमाल किया जाता है कि हिंदू, हिंदू होने के नाते धर्मनिरपेक्ष हैं। दोनों ही तर्क सुझाते हैं कि धर्मनिरपेक्ष समाज के रूप में भारत का संवैधानिक दर्शन पूरा करने के लिए कुछ खास करने की जरूरत नहीं है। इसका उलट ज्यादा सही लगता है कि धर्मनिरपेक्षतावाद एक ऐसा आदर्श है जो गहरे सांस्कृतिक और अभिवृत्तीय बदलाव और संघर्ष की माँग करता है क्योंकि यह तो सच है ही कि धार्मिक पृथकतावाद आम है और उसके परिणामस्वरूप तनाव और हिंसा अक्सर भड़कती रहती है। धर्मनिरपेक्ष संभ्रांत वर्ग यह जरूर पहचानता है कि धर्मनिरपेक्षता एक प्राप्य लक्ष्य है लेकिन कठिन है क्योंकि वह संविधान में कही गई बातों की दिशा में एक सामाजिक परिवर्तन की माँग करता है। धर्मनिरपेक्ष संभ्रांत वर्ग ने राष्ट्र को आधुनिक और सांप्रदायिक फूट से मुक्त रखने की दिशा में परिवर्तन की इच्छा तो बनाए रखी है, लेकिन दुर्भाग्यवश इस वर्ग के सदस्य कुछ बड़ी बाधाओं से बँधे हुए हैं। धर्मनिरेपक्ष संभ्रांत वर्ग के लिए 'सांप्रदायिक' शब्द आज भी 'धर्मनिरपेक्ष' का विपरीत अर्थ रखता है। इसकी प्रज्ञात्मक गहराई जो भी हो, इस दुपहलू सोच ने राजनीतक एवं सामाजिक-सांस्कृतिक क्षेत्रों में उत्साही धर्मनिरपेक्षता की व्यापकता को प्रतिबंधित कर दिया है। सामाजिक-सांस्कृतिक

क्षेत्र में धर्मनिरपेक्षीकरण के कार्यक्रम धर्म से किसी भी तरह के जुड़ाव से बचते हैं। भारत के फैले हुए और भिन्नता लिये हुए संभ्रांत वर्ग का एक ताकतवर हिस्सा धर्म को एक हाथी की तरह मानता है जिसकी कमरे में मौजूदगी का उल्लेख बिल्कुल नहीं होना चाहिए। हालाँकि यह वर्ग बहुत शिक्षित और रचनात्मक है पर वह उस जगह को इस्तेमाल करके संतुष्ट हो जाता है जिस पर हाथी का कब्ज़ा नहीं होता। धर्मनिरपेक्ष संभ्रांत लोग आम आदमियों और औरतों द्वारा रोज़ निरन्तर किए जा रहे धार्मिक कर्मकाण्डों के बीच में रहते हैं पर बहुमत की धार्मिकता में कुछ खास अर्थ या महत्त्व नहीं देखते। दरअसल, आम जनता की धार्मिकता को मात्र उसके पिछड़ेपन की तरह देखा जाता है। आम लोग जीवन के उतार-चढ़ाव से समझौता करने के लिए धर्म से जो बहुत थोड़ी आध्यात्मिक धीरता की मदद लेते हैं, उसे धर्मनिरपेक्ष वर्ग के वे लोग कुछ ख़ास तवज्जो नहीं देते जिनके लिए धर्मनिरपेक्षता धर्म का विकल्प होता है। धर्मनिरपेक्षतावादी के लिए, हर तरह की धार्मिकता विवेकहीन होती है।

इस तरह का धर्मनिरपेक्ष उग्रवाद न केवल धार्मिक कर्मकाण्ड बल्कि खुद धर्म और विद्वता के रूप में धर्म के अध्ययन के प्रति दृढ़तापूर्वक नकारात्मक और दोषदर्शी रहता है। यह कोई आश्चर्य की बात नहीं है कि धर्मनिरपेक्ष संभ्रांत लोग उस ताकत को नहीं सँभाल पाए जिसकी मदद से उभरते हुए प्रतिद्वन्द्वी संभ्रांत लोगों–जिनका मकसद है राजनीतिक समर्थन संघटित करने के लिए धर्म को आधार बनाना–ने लोकप्रिय वफादारी पाने का प्रयास किया। धर्मनिरपेक्ष संभ्रांत वर्ग की संप्रेषण क्षमता काफी हद तक अंग्रेज़ी पर निर्भर रही है। न उनके पास कोई तात्कालिक कारण है और न ही पर्याप्त भाषायी साधन कि वे ग्रामीण जनता और शहरी गरीबों से अपनी दूरी से परेशान होकर उस बारे में कुछ करें। उन्हें अक्सर पता ही नहीं होता कि नीचे या आस-पास हो क्या रहा है। यहाँ तक कि खेतिहर का स्पष्ट भौतिक संकट भी उनका ध्यान नहीं खींच पाता; सांस्कृतिक अपरदन और असुरक्षा का जटिल प्रपंच भी धर्मनिरपेक्ष संभ्रांत वर्ग के दर्शन में काफी हद तक अनावश्यक रहता है। गुजरात इसका एक मुख्य उदाहरण है। मुसलमानों के खिलाफ मन में शक और घृणा भर के, गुजरात को सांप्रदायिक आधारों पर बाँटने के लिए की गई

एक दशक लंबी मनोयोगी तैयारी अंग्रेजी बोलने वाले भारत को दिखी ही नहीं। गुजरात विकास और आधुनिकता का प्रतीक बना रहा जबकि बच्चों समेत जनता के बड़े हिस्सों में एक मध्ययुगीन मानस पाला जा रहा था। जब दंगे भड़के तो समाज वैज्ञानिकों समेत ऐसे हरेक शख़्स ने जिसे पता होना चाहिए था कि क्या चल रहा है, अचम्भा और निराशा व्यक्त करके काम चला लिया।

भारत के एक कमज़ोर पक्ष का प्रतीक गुजरात हमें याद दिलाता है कि आर्थिक विकास अपने आप में भारत की आन्तरिक कलह और अशांति का प्रतिकारक नहीं हो सकता। वह हमें यह भी बताता है कि आधुनिकता के आम सूचक कितने भ्रामक हो सकते हैं। उत्पादों और सेवाओं का उपभोग, साक्षरता और स्कूली शिक्षा ऐसे तरीके माने जाते हैं जिनसे सार्वजनिक चेतना बढ़ती है। गुजरात में हुए दंगों की व्यापकता और शहरी मध्यम वर्ग एवं कुछ जनजातीय समुदायों जैसे पृथक समूहों की भागीदारी से दिखता है कि आधुनिकता के लक्षणों का सामाजिक जुड़ाव और उसके स्थायित्व से कोई लेना-देना नहीं है। ग्लानि और यहाँ तक की पश्चाताप की नामौजूदगी से सबूत मिलता है कि आधुनिकता और विकास के सांस्कृतिक अर्थ संविधान के सामाजिक दर्शन में या तो पूरी तरह से अस्पष्ट हैं या उससे असंबद्ध हैं। केवल गुजरात नहीं, पूरा भारत एक ऐसे समाज की तरह अवस्थित है जहाँ भीड़ को संहार और हिंसा के लिए संघटित किया जा सकता है। इस बात की विवेचना गरीबी की व्यापकता के हवाले की मदद से करना मुश्किल है, हालाँकि अधिकतर दंगों की कथित सच्चाई यही सुझाएगी कि मरने वालों में गरीब ही ज्यादा होते हैं। जिस आसानी से जनता को गठित किया जा सकता है उसके मूलाधार में एक सांस्कृतिक शून्य है—एक विच्छेद की भावना जो हत्याओं और उत्पीड़न के सामूहिक नाटकों के नाटकीय हरजाने की माँग करती है। अस्मिता के समर आधुनिक भारत के उतने ही लक्षण हैं जितना अखिल भारतीय राष्ट्रीय बोध का उभार। इस मामले में सिर्फ भारत पर उंगली उठाना शायद अन्याय होगा क्योंकि अस्मिता की भिड़न्तें तो सारे संसार में आम हैं, और विकसित कहे जानेवाला संसार भी इसमें कोई अपवाद नहीं है। फिर भी, भारत का मामला खास है क्योंकि हमारे

संविधान में विविध सामूहिक अस्मिताओं की वैधता को बनाए रखने का सजग प्रयास किया गया था जबकि व्यक्तिगत स्तर पर कानूनी और राजनैतिक क्षेत्रों में अनुल्लंघनीय प्रतिष्ठा और सामर्थ्य निर्दिष्ट थी। व्यक्ति के विचार के साथ किए गए इस रचनात्मक समझौते के बावजूद किसी न किसी सामूहिक अस्मिता के खतरे का आह्वान करके लोगों को जोड़ने की संभावना आज भी जिंदा है। पाकिस्तान इसी तरह के महाकाय संघटन से पैदा हुआ था, लेकिन उसकी राष्ट्रीय अस्मिता की खोज अभी भी परिपक्व नहीं हुई है। भारत में जारी अस्मिता के अंदरूनी संघर्ष शायद उन संघर्षों से तुलनीय नहीं हैं जो हम पाकिस्तान में देखते हैं, लेकिन सार्वजनिक क्षेत्र में वे जिस तरह की अस्थिरता भड़काते हैं उनमें कोई असमानता नहीं है।

जिस हद तक भारत और पाकिस्तान की राष्ट्र-निर्माण की परियोजनाओं में कुछ कमज़ोर पक्ष हैं, चाहे उनके आकार में अंतर हो, उस हद तक हम इन दोनों देशों में थोड़ी सी अनुरूपता स्वीकार कर सकते हैं, हालाँकि दोनों देश एक बड़े स्तर की अनुरूपता वाघा की सीमावर्ती चौकी पर अनुमोदित दैनिक कार्यक्रम के तहत बड़ी सक्रियता से दिखाते हैं। हर शाम दोनों तरफ की भीड़ के बीच एक संक्षिप्त किंतु अच्छी तरह पूर्वाभ्यासित और सजग रूप से नाटकीय बनाया गया अनुरूपता का पाठ पेश किया जाता है। किसी भी मानदण्ड से यह एक अनूठी घटना है जो बेतुकेपन की निरी सरहद पर है। रात को फाटक बंद करने से पहले दोनों राष्ट्रीय झंडों को उतारा जाता है। यह सब एक विस्तृत कर्मकाण्ड के तहत होता है जो अपने चरम बिंदु पर तब पहुँचता है जब दोनों तरफ से एक सैनिक मार्च करके जाता है और अपने प्रतिपक्षी की आँखों की पुतली में झाँकता है। इस आधिकारिक उत्सव का दैनिक प्रदर्शन हमें बताता है कि दोनों में से किसी भी देश में अतीत अभी इतिहास में प्रतिसारित नहीं हुआ है। अतीत अभी जीवित है, जिसके साथ विभाजन का दर्द और गुस्सा वर्तमान को आकार देने के लिए अभी भी एक संसाधन के रूप में उपलब्ध है। वाघा का शाम का यह प्रदर्शन साबित करता है कि भारत और पाकिस्तान की राष्ट्र-निर्माण परियोजनाएँ एक दूसरे पर निर्भर थीं और आज भी हैं।

6

कल्पनाशील आधुनिकता

उपनिवेशीकरण का इतिहास आधुनिकता के विचार में रुकावट पैदा करता है, और यह रुकावट वैश्वीकरण के युग में भी हटी नहीं है। उपनिवेशिक विजयों ने यूरोप को ऐसी ताकत दी कि वह संसार को अपनी मनोदशा और संस्कृति के विचार के अनुसार चित्रित कर पाया। यूरोपीय और अमेरिकी मानदण्डों पर उपनिवेशित देश भले ही आज़ाद हैं पर आज़ भी गरीब हैं; यहाँ तक कि इन मानदण्डों पर उनका मध्यम वर्ग भी गरीब है। यदि हम चौधराहट दिखा रहे अमीरों के हितों और मानकों के अनुसार गरीबी का आकलन किये जाने और उसे घटाये जाने के लिए बनी योजनाओं की इजाज़त दे दें तो एशिया, अफ्रीका और लातिनी अमेरिका में कई जगह उभरे टकरावों और हिंसा की गहराई बढ़ेगी व छोटे हथियारों के सार्वभौमिक व्यापार का दायरा फैलेगा। इन टकरावों को जारी रखने में उन अस्त्र निर्माता देशों के स्वार्थ निहित हैं जो पूँजी में, वृद्धि और रोज़गारशुदा लोगों की संख्या बढ़ाने की दृष्टि से इस व्यापार से सीधे लाभान्वित होते हैं। इस कारण से, कश्मीर, अफगानिस्तान, नेपाल और बर्मा जैसे क्षेत्रों में उनकी शांति को लेकर दिलचस्पी और जेरूस्लाम जैसी जगहों पर जहाँ लगातार खून बह रहा है, विकसित राष्ट्रों के शांति-स्थापना के प्रयासों में दोमनापन का तत्व जरूर होगा। लेकिन विवादों को सुलझाने या सीमाओं को पुनःव्यवस्थित करने के लिए सामुदायिक या सजातीय अस्मिताओं का इस्तेमाल करने की जो अधीरता आजकल दिखाई देती है, ऐतिहासिक रूप से जानी पहचानी है। अपना फायदा कमाने और राजनीतिक लक्ष्य को पूरा कर लेने के बाद, शक्तिशाली लोग जल्द से जल्द खिसक लेना पसंद करते हैं, और अपने पीछे सत्यानाशी हालात

छोड़ने में उन्हें कोई संकोच नहीं होता। भारत-पाक विभाजन इस तरह की जल्दी की एक उत्कृष्ट कहानी है।

उपनिवेशित लोगों के लिए, अमीरों से हथियार न खरीदने का निर्णय अपने समाधान खुद ढूँढ़ने की जिम्मेदारी में शामिल है। भूमिका के इस परिवर्तन की उम्मीद उस बदलाव के मुकाबले ज़्यादा मुश्किल है जिसकी धुँधली-सी आशा हम हथियार विक्रेताओं से शांति को लेकर उनकी चिंता पर संदेह जताकर व्यक्त करते हैं। हथियारों का व्यापार आखिर अंतर्राष्ट्रीय मदद का एक अभिन्न भाग है जो कि मानवीय, और इसीलिए अविवाद्य कारणों के लिए दी जाती है। विवादग्रस्त परिस्थितियों में विकास के लिए दी गई मदद एक दुश्चक्र बनाती है। 9/11 के पश्चात पाकिस्तान को अमेरिका से मिलने वाली मदद इस स्पष्ट उम्मीद के साथ आती रही है कि उसका एक बड़ा हिस्सा हथियार खरीदने के लिए इस्तेमाल किया जाएगा। अमीर राष्ट्रों से विकासशील कहे जाने वाले राष्ट्रों को मिलने वाली सैन्य आपूर्ति विकास की मदद में असमाधेय रूप से निहित होती है और समझौता करने वाले दोनों देशों में शर्मिन्दगी नहीं जगा पाती। यह उम्मीद रखना बहुत ही अवास्तविक होगा कि मदद प्राप्त करने वाला देश दाता देशों द्वारा निर्मित हथियारों का खरीदार बनना बन्द कर दे। भारत के लिए कहा जाता है कि वह कई क्षेत्रों में अपना विकास खुद कायम रखने लायक है, फिर भी वह बच्चों की शिक्षा जैसे मूलभूत क्षेत्र में मदद का ग्राही है। विदेशी मदद पर पाकिस्तान की निर्भरता और भी गंभीर है। आने वाले वर्षों में दोनों में से किसी भी देश से विकास संबंधी अनुदान और सैन्य सामान का ग्राहक न बने रहने की उम्मीद नहीं की जा सकती। आर्थिक मदद और सैन्य व्यापार में निहित जुड़ाव हम पर यह पूछने के लिए जोर डालता है कि विकास इतना द्विअर्थी क्यों साबित हुआ है, और आधुनिकता क्यों इतनी भ्रामक निकली।

विकास का विचार आज भी इस्तेमाल में है और अपने ताज़े रूपान्तरण में 'वैकल्पिक विकास' न केवल समानता और न्याय, बल्कि शांति का भी वादा करता है। पिछले दो दशकों में ऐसा लगता था कि विकास एक लुप्तप्राय प्रत्यय बन जाएगा, क्योंकि जिस तरह के प्रतिवादों का सामना उसे करना पड़ रहा था उनकी उपेक्षा नहीं की जा सकती थी।

उन प्रतिवादों का लेना-देना विकास से जुड़े फायदों और बलिदानों के वितरण से था। सामान्यत: गरीबों ने बलिदान दिए और अमीरों ने फायदे लूटे। एक गहरे स्तर पर, विकास के अन्तर्विरोधों की जड़ें देर से औद्योगीकृत हो रहे देशों में विकास और आधुनिकता की संगत में थीं। क्या ये देश उस आधुनिकता की तरफ बढ़ रहे थे जिसका प्रतीक जागरण पश्चात का यूरोप है? 1960 के दशक के बाद इस प्रश्न का उत्तर देना मुश्किल होता चला गया, जैसे-जैसे कई विकासशील देशों में आधुनिक निरंकुशवाद उभरा। इनमें से कइयों को शक्तिशाली विकसित देशों, खासकर अमेरिका की, सहमति मिली हुई थी।

एक और अन्तर्विरोध टैक्नालाजी के संदर्भ में उभरा। क्या वह विकल्प चुनने की इंसानी इच्छा को जगह देती है, या वह अपने एक रूप से दूसरे की तरफ खुद ही बढ़ रही है जिससे इस इच्छा की संभावना के लिए कोई जगह नहीं बचती? इस प्रश्न के जवाब पर निर्भर था आधुनिकता का यह दावा कि वह विज्ञान में आस्था से निर्देशित निष्पक्ष जाँच की अनुमति देती है। विकासशील कहे जाने वाले संसार में, विज्ञान, टैक्नालाजी और आधुनिकता को जोड़ने के स्थापित तरीकों का आशय यही निकलता गया कि जनता का अधिकांश हिस्सा एक निष्क्रिय दर्शक की भूमिका निभाए। सरकार की अनुमति से किए गए वैज्ञानिक और प्रौद्योगिकी के आधुनिकीकरण के शानदार उपयोगों से पर्यावरण, संस्कृति और आत्म-विश्वास का धीमा विनाश हुआ। विकास की कई महापरियोजनाओं में यह स्पष्ट हो गया कि ग्रामीण जनता, खासकर अगर वह जनजातीय है, तो उसके पास कोई असली विकल्प नहीं है और वह आधुनिकता की प्रतिनिधि संस्थाओं से न्याय की कोई उम्मीद नहीं रख सकती। एक के बाद एक क्षेत्र में आधुनिक राष्ट्र के तंत्र के लिए आक्रामक युद्ध और सिविल फूट के कारण होने वाली अस्तव्यस्तता, विस्थापन और पर्यावरण का अपरदन, छुपाने या सँभालने मुश्किल होते चले गए, बावजूद इसके कि अंतर्राष्ट्रीय दाता और कर्जा देने वाली संस्थाएं मदद कर रही थीं। टैक्नालाजी की शीघ्रगामी बढ़ोतरी और युद्ध की दीर्घकालिकता के संबंध की तरफ इशारा करते हुए उर्सुला फ्रैंकलिन ने कहा है कि एक दुश्मन की सामाजिक और राजनीतिक जरूरत आज की

टैक्नालाजी के असली संसार में गहरे पैठी है।[1] शीतयुद्ध खत्म होने के बाद और आतंकवाद के खिलाफ युद्ध की योजना बनने और घोषित होने से पहले, फ्रैंकलिन ने यह भविष्यवाणी की थी कि एक नया विश्वसनीय दीर्घकालिक दुश्मन ढूँढ़ा जाएगा ताकि सार्वजनिक धन युद्ध की टैक्नालाजी में ही बहता रहे।

अंततः यह दावा, कि आधुनिकता से धर्म की जकड़ ढीली पड़ जाएगी, कमजोर होता गया और अपनी सार्थकता खो बैठा। आधुनिक राष्ट्रों द्वारा किए गए धर्मनिरपेक्ष विवेकशीलता के प्रचार के बावजूद धर्म पर आधारित अस्मिताएँ जीवित रहीं। सक्रिय रूप से धर्म-विरोधी राष्ट्र जैसे सोवियत संघ धर्म के आकर्षण को मिटाने में असफल रहे, जबकि अमेरिका ने विवेकशील आधुनिकता का दावा करते हुए अपनी धार्मिकता कभी छुपाई नहीं। 9/11 के हमलों के बाद इस्लाम की तरफ अपना संदेह और पश्चिमी सभ्यताओं से इस्लाम का द्वन्द्व दिखाने में बिल्कुल संकोच नहीं किया। जब से अमेरिका की इराक को सँभाल पाने की असमर्थता जाहिर हुई है, नव-रूढ़िवादी नज़रिया उसे छुपाने की पूरी कोशिश कर रहा है, लेकिन आधुनिकता के शासन में जो जगह धर्म को वैध रूप से दी जा सकती है, उसे आँकने की अवधारणात्मक तैयारी कहीं दिखाई नहीं देती। अगर कोई चिह्न होता, तो वह चीन में जरूर उभर आता, जो कि दकियानूस आधुनिकों की सभा में देर से पर उत्साह से आया है और जहाँ तिब्बती लोग धर्म पर आधारित अपनी संस्कृति को बचाने का वीभत्स समर लड़ रहे हैं।

वैकल्पिक विकास के विचार ने विकास को शोषित, सांस्कृतिक समुदायों और पर्यावरण की तरफ ज्यादा संवेदनशील बनाने का वादा किया था। विचार यह था कि लोगों की भागीदारी और मानव अधिकारों के पार-राष्ट्रीय दावे से सरकार की ताकत थोड़ी सीमित होगी। विकास के मुख्यधारा के विचार के साथ दो दशकों तक संघर्ष करने के बाद वैकल्पिक विकास के विचार ने 1990 के दशक में नव-उदार विमर्श की चुनौती का सामना किया जिसने सार्वभौमीकरण के संदर्भ में बाज़ार की भूमिका क़ो एक मौलिक शक्ति दी। कुछ समय के लिए लगा कि आर्थिक प्रगति और सामाजिक बदलाव को देखने के पिछले तरीके पुराने

हो गए थे और राज्य द्वारा प्रबन्धित विकास तथा वैकल्पिक विकास, दोनों ही अतीत की बातें बन गये थे। नया सिद्धांत था कि बाज़ार को फैलने दिया जाए और ज्ञान, शिक्षा एवं चिकित्सा समेत प्रत्येक मानवीय गतिविधि उसी के तहत हो। व्यक्तिवाद और निजीकरण विकास के असली विकल्पों की तरह पेश किए गए। तथापि, जिस गति से विकास (और वैकल्पिक विकास-यानी जो विकास का समानान्तर अभिनय) की निधन-सूचना नब्बे के दशक में लिखी गई, वह एक भ्रम ही साबित हुई, और इससे पहले कि कोई तैयार हो पाता, विकास का विचार वापस आ पहुँचा था-नीति और शब्दावली दोनों ही रूपों में उसे शांति के संदर्भ में पुनर्जन्म दिया गया।

9/11 के पश्चात दिया गया नवीनीकृत तर्क है कि टकरावों को कम करने के लिए विकास जरूरी है। तात्विक रूप से यह आरोग्यकारी प्रस्ताव एकदम ताज़ा नहीं है, लेकिन सार्वभौमिक शांति लाने के तरीके के जरिए के रूप में इसके विशेष प्रयोग की बात नई है। भारत-पाक विवाद के मामले में विकास का यांत्रिक मूल्य कई लोगों को आकर्षित करता है। ऐसे लोग मानते हैं कि तेज़ी से हुए आर्थिक विकास और व्यापार से भारत और पाकिस्तान के बीच शांति के अवसर बढ़ जाएँगे। इस मत का तात्कालिक अर्थ समझने के लिए बहुत-सी स्पष्ट बातें और क्षमता हमारे पास है। राष्ट्र-राज्यों के रूप में अगर भारत और पाकिस्तान शिक्षा, स्वास्थ्य, परिवहन और रोजमर्रा की अन्य जरूरतों पर ध्यान देने लगेंगे तो एक दिन दोनों ही देशों में ज्यादा प्रबुद्ध जनता होगी जो अपनी-अपनी सरकारों से ज्यादा विवेकशीलता की माँग करेगी। साथ ही अगर दोनों प्रतिद्वन्द्वी अपनी जनता की रोजमर्रा की जरूरतों को पूरा करने के लिए सहयोग का निर्णय कर लेंगे तो चुनौती आसान हो जाएगी और धन की समस्या कम प्रभावी हो जाएगी, क्योंकि सैन्य खर्चे में कमी आ जाएगी। इसमें कोई शक नहीं कि इस तरह का सकारात्मक सोच-विचार उम्मीद जगाता है, लेकिन अगर हम उसे गहराई से जाँचें तो वह अपने वादे को गंभीरता से लेने का कोई कारण नहीं देता। क्या हम यह बहस कर रहे हैं कि ज्यादा भौतिक समृद्धि से ज्यादा विवेकशीलता आती है, जिसे शांति में सक्रिय रुचि और युद्ध के लिए अरुचि के अर्थों में देखा जा सकता

है? यह विश्वास से कहने के लिए आज के संसार में हमें कहाँ कोई सबूत मिलेगा? आधुनिक संसार में समृद्धि की अभियांत्रिकी युद्ध की अभियांत्रिकी से जुड़ी हुई है। युद्ध की प्रौद्योगिकी को आधुनिक जनता की दैनिक जरूरतों की प्रौद्योगिकी से अलग करना आसान नहीं है। समृद्ध होना और मानवता द्वारा जाने गए सबसे घातक हथियारों से लैस होना अब एक ही बात हो गई है। साथ ही, हथियार और नियंत्रण के जहरीले साधन बनाने और बेचने से अमीर बनना अब वैध हो गया है। वास्तव में संसार के सबसे गरीब राष्ट्रों से यूरोप और अमेरिका में बने नवीनतम आयुध शस्त्र खरीदवाना एक स्वीकृत मानक बन गया है जिसे शांति का बढ़ता हुआ पांडित्य ध्यान देने लायक नहीं मानता।

भारत-पाक शत्रुता की कहानी में एक कारक के रूप में विकास को गहराई से देखने के लिए हमें उसे राष्ट्र-राज्य के साथ जोड़कर 'राष्ट्रीय विकास' कहने के निहितार्थों पर लौटना होगा। हमें भारत और पाकिस्तान जैसी उपनिवेशी बस्तियों में विकास और आधुनिकता के बीच में सतही ढंग से कल्पित किए गए संबंध का भी अध्ययन करने की जरूरत है। इन देशों के मामले में विकास साठ के दशक में 'राष्ट्रीय' बना। संदर्भ तो एक ही था: युद्ध में रक्षा की अत्यावश्यकता। साठ के दशक के मध्य के दृष्टिकोण से, जब दोनों राष्ट्र-राज्य क्षेत्रीय कब्ज़ों की खातिर पहली बार भिड़े थे, देखें तो उपनिवेशिक शासन से आज़ादी का पहला दशक एक स्वप्निल कालखंड की तरह लगता है जब परिभाषाएँ अनिश्चित थीं और राज्य की शक्ति उसकी प्रवृत्ति का एक पहलू थी, न कि कोई बाह्य वस्तु जिसे खुद की खातिर प्रदर्शन की दरकार हो। कृषि और उद्योग समेत कई क्षेत्रों में आए नीतिगत परिवर्तन उस बदलाव को पुष्ट करते हैं जो आज़ादी के पहले दो दशकों में हुआ। इस बदलाव की एक असाधारण रूप से स्पष्ट झलक सार्वजनिक शिक्षा में मिलती है जो जरूरतों के प्रति ध्यान देने की दृष्टि से एक धीमा क्षेत्र है। शिक्षा के कोई दो दस्तावेज़ पचास और साठ के दशक के अंतर को इतने पैने रूप में नहीं दिखाते जितनी 1953 में लिखी गई माध्यमिक शिक्षा आयोग और 1966 में लिखी गई शिक्षा आयोग की रपटें दिखाती हैं। पहली, बच्चों के विकास पर केंद्रित थी, दूसरी, पूरी तरह राष्ट्रीय विकास पर, जैसा कि उसका शीर्षक

और विषय-वस्तु साफ दिखाती है। शिक्षा क्या कर सकती है इस बात की पिछली समझ अब बेकार हो चुकी थी। जब 1966 की कोठारी रपट तैयार हुई तब तक शिक्षा उस अस्मिता की कुंजी बन चुकी थी जिसकी रचना प्रभुत्वशाली वर्ग ग्रामीण गरीब से अपनी नियति दूर करने के लिए कर रहा था। राष्ट्र-राज्य को अब विकास की एक वस्तु की तरह देखा जाने लगा था, न कि ऐसे समाज के नैतिक दर्शन को पूरा करने के माध्यम की तरह जिसमें शांतिपूर्ण जीवन का आधार न्याय होगा–कानून और व्यवस्था का तंत्र नहीं।

उपनिवेशिक व्यवस्थाओं की निरंतरता को पहचानना भी जरूरी है। यह तथ्य कि भारत और पाकिस्तान का आधुनिक राष्ट्र-राज्यों में परिवर्तन एक उपनिवेशिक संदर्भ में हुआ, उनकी स्वयं को परिभाषित करने की क्षमता को गहरे तनाव में ला देता है। यूरोप के चारित्रिक रूप से संकीर्ण राष्ट्रवाद के विकल्प ढूँढ़ने के लिए भारत में गाँधी एवं टैगोर और पाकिस्तान में इक़बाल द्वारा किये गये संघर्ष के बावजूद दोनों देशों ने पचास के दशक के द्वितीय विश्वयुद्ध के बाद बनी दुनिया में उसी की दिशा में रुख कर लिया। पाकिस्तान का भटकाव विशेषकर दुखद था अगर हम उसको इक़बाल की प्रयोगवादी इस्लाम की साहसी माँग की पृष्ठभूमि में देखें। उन्होंने ऐसे राष्ट्र का सपना देखा था जहाँ इस्लाम का आज़ादी और न्याय का वादा पुनः जन्म लेता। इक़बाल का राष्ट्र इतनी जल्दी शीतयुद्ध की राजनीति के बवण्डर में डूब गया, पीछे देखने पर यह बात उतनी ही निराशाजनक लगती है जितनी गुटनिरपेक्ष देशों का नेतृत्व बनाए रखने में भारत की असमर्थता। शायद कोई विकल्प था ही नहीं; या संभव है कि हिरोशिमा के संदेश और उपनिवेशिक शासकों के बरकरार प्रभुत्व के कारण पर्याप्त समय नहीं था। एक ऐसे संसार में जो दो महाविध्वंसकों के अपने-अपने साम्राज्य प्रदर्शन के लिए रचा गया था, नए राष्ट्र-राज्य यह निर्णय लेने के लिए उपलब्ध समय से ज़्यादा की उम्मीद नहीं कर सकते थे कि उन्हें वफ़ादारी के अर्थों में किधर जाना है। केवल एक बिंदु जो स्पष्ट नहीं था–कि उपनिवेशवाद के पश्चात सामाजिक परिदृश्य में उपलब्ध वर्गों और सामाजिक ताकतों में से कौन आधुनिक राष्ट्र-राज्य की भूमिकाओं को पूरा करेगा, उससे तादात्मय स्थापित करेगा और उसे

विकास की नीतियों का लक्ष्य बनाएगा। भारत में यह 1962 के चीन के आक्रमण के बाद स्पष्ट हो गया था। पाकिस्तान में यह हमेशा से ही स्पष्ट था, लेकिन राजकीय विचारधारा का संघर्ष सत्तर के दशक के मध्य तक चला।

साठ के दशक के मध्य से भारत में आधुनिकता और प्रगति का निष्पादन पहले के मुकाबले आसान हो गया था। आज़ादी के संघर्ष के कारण एक व्यापक बौद्धिक उफान आया था जिसमें एक आज़ाद राष्ट्र के रूप में भारत द्वारा की जाने वाली प्रगति के फलस्वरूप उठी एक पैनी व बहुआयामी बहस शामिल थी। इस बहस में गाँधी की आवाज नि:संदेह केंद्रीय थी। मौलिकता और उस ध्यान के संदर्भ में जो समर्थकों और आलोचकों दोनों ने दिया। गाँधी का प्रगति संबंधी विचार एक अविभाजित भारत में अभिव्यक्त हुआ था; इसीलिए उसे पाकिस्तान और भारत दोनों की विरासत की तरह देखा जा सकता है, चाहे वे पाकिस्तान द्वारा किशोर मानस में बनाए गए राजमंदिर के पहचाने हुए सदस्य न हों और भारतीय राजमंदिर में उनकी बड़ी लेकिन निरीह और केवल प्रतीकात्मक मौजूदगी हो। भारत का भविष्य रचने के लिए गाँधी ने राष्ट्र-निर्माण के यूरोपीय विचार पर आलोचनात्मक चिंतन करने की ज़रूरत को एक अनिवार्य पूर्वपीठिका की तरह प्रस्तावित किया था। *हिंद स्वराज* में उन्होंने इसका एक उदाहरण पेश किया, और हमें इस प्रश्न के उत्तर में कोई कारण नहीं मिलेगा कि उसे 'पाक स्वराज' क्यों नहीं कहा जा सकता। इस व्यापक अर्थ में पढ़े जाने पर, उस समय के मुकाबले लिखे जाने के सौ वर्ष बाद आज गाँधी का यह संदेश ज्यादा स्पष्ट है कि भारत और पाकिस्तान अपने खुद के सामाजिक और सांस्कृतिक संसाधनों से अपने आप को गढ़ें।

गाँधी की सबसे बड़ी चिंता थी कि हम प्रगति की अनन्य भौतिकवादी परिभाषा की उपेक्षा कर पाएँगे कि नहीं। उन्होंने देख लिया था कि इस तरह की परिभाषा औद्योगीकृत, वैभवशाली और सार्वभौमिक रूप से प्रभुत्वशाली पश्चिम के इतिहास में निहित थी, और यह कोई आश्चर्य की बात नहीं है कि उनकी भौतिकवाद की आलोचना पश्चिम विरोधी रूप में ली गई। दरअसल पश्चिम के लिए उनकी बेचैनी उतनी ही थी

जितनी भारत के लिए और उन्होंने महसूस किया था कि प्रगति के नैतिक आधारों की खोज पश्चिम के लिए ज्यादा आवश्यक थी क्योंकि उसका नुकसान भी ज्यादा हो रहा था। हिंद स्वराज जब पहली बार लिखा गया था तो कई लोगों को गाँधी का तर्क बिल्कुल बेतुका और अस्वीकार्य लगा था। स्थिति तो आज भी कोई खास नहीं बदली है; फिर भी भारत और पाकिस्तान के बीच में शांति की हमारी निराशापूर्ण खोज के लिए हिंद स्वराज महत्त्वपूर्ण संसाधन का काम कर सकता है, सिर्फ इसीलिए क्योंकि सौ सालों के इतिहास ने उसके तर्क को साबित करना आसान बना दिया है। गाँधी की अपनी ज़िंदगी और राजनीतिक शैली के प्रकाश में देखने पर इस पुस्तक का यह केंद्रीय संदेश अलग ही नज़र आता है कि भौतिकवादी प्रगति की उत्पीड़क ताकतों से लड़ने की सबसे अच्छी अहिंसात्मक युक्ति आत्म-संयम है। इस संदेश को आत्मसात करने के लिए हमें पहले हिंद स्वराज के बेतुके होने के भाव से उबरना होगा जो वह शिक्षित पाठक के मन में इस कारण जगाता है क्योंकि वह सार्वभौमिक मुद्दों को रोजमर्रा के मौलिक उदाहरणों के द्वारा संबोधित करता है। स्वराज या स्व-शासन गाँधी का सत्य है, और उसका अर्थ राजनीतिक आज़ादी से कहीं दूर तक जाता है। वह हमें अनुभव के प्रकाश में आधुनिकता के स्वीकार्य मत पर पुनः सोच-विचार करने का आमंत्रण देता है। यहाँ पुनः सोच-विचार का मतलब अस्वीकार करना नहीं है। गाँधी के लिए प्रगति और आधुनिकता का सामान्य विचार आत्मविश्वास और आज़ादी के साथ शांत और गंभीर चिंतन का पात्र है : न स्वीकृत, न अस्वीकृत, बल्कि उच्चतर और ज्यादा सर्वव्यापी लक्ष्यों के लिए पुनर्परिभाषा के लिए प्रस्तावित। मानव के लिए किसी पूर्वनिर्धारित भाग्य का विचार कितना ही आकर्षक हो और उसके प्रवर्तक कितने ही शक्तिशाली हों, उसमें फँसकर न रह जाने का महत्त्व हम हिंद स्वराज से सीख सकते हैं।

यह संदेश उससे अलग नहीं है जो गाँधी के प्रतिष्ठित समकालीन एवं बौद्धिक सहकर्मी रवीन्द्रनाथ टैगोर ने 'सभ्यता और प्रगति' में दिया था। इन दोनों व्यक्तियों में संगीन मामलों को लेकर मतभेद था, जैसे कि एक राजनीतिक युक्ति के रूप में अहिंसा के निहितार्थ और प्रकृति की

जाँच के एक साधन के रूप में विज्ञान की वैधता पर दोनों के विचार अलग थे। तथापि, यूरोपीय जागरण के बाद उभरे प्रगति संबंधी मत के बारे में दोनों की प्रतिक्रिया उल्लेखनीय रूप से समान थी। 'सभ्यता और प्रगति' में किसी चीज के मूलभूत गुण को ज्ञापित करने के लिए, टैगोर ने धर्म शब्द का इस्तेमाल किया है और 'सामूहिक जीवन में मनुष्य के धर्म की अभिव्यक्ति' के लिए सभ्यता शब्द को चुना है।[2] इस अर्थ ने उन्हें धन इकट्ठा करने के प्रगति के चरमपंथी विचार को चुनौती देने में सक्षम बनाया जिसे उपनिवेशिक शक्तियों द्वारा प्रचारित किया गया था। टैगोर का तर्क उद्‌घाटित करता है कि धन की खातिर की गयी धन की साधना इंसानी एकता और मैत्री के लिए विनाशकारी है। उन्होंने दो उदाहरण दिए हैं; एक है महँगे खिलौने को पाने के बाद बच्चे की दूसरों से बाँटने की इच्छा और सृजनात्मक जोश का खत्म हो जाना, दूसरा उदाहरण उन गाँव वालों का विवरण देता है जो चिलचिलाती धूप में कठिन परेशानियों से जूझकर पानी लेकर आते हैं और गुजरने वाले कारयात्रियों को पानी पिलाने के बदले पैसा नहीं लेते। असली बात यह है कि जो चीज़ हमें इंसान बनाती है वह है अपरिचितों से संबंध बनाने और अपने आदर्श दूसरों में चरितार्थ कर पाने की क्षमता। टैगोर की 'मानवधर्म' इसी बारे में है, और अपने कई लेखों में वह इस धर्म को आधुनिक समाज के दूसरे प्रभुत्वशाली धर्म यानि राष्ट्रवाद के बरक्स यह दिखाने के लिए रखते हैं कि राष्ट्रवाद अधिकारवादी सामूहिकता का एक रूप है और इसीलिए मानवता के विनाश की सामर्थ्य रखता है।

गाँधी के परिप्रेक्ष्य से देखें तो, शांति भी उतनी ही उपभोग की वस्तु बन गई है जितनी लड़ाई और इसीलिए वे जो युद्ध के यंत्र बेच रहे हैं शांति के भी विक्रेता हैं। शांति की यह अवनति हमें चुनौती देती है कि उसके बारे में हम किस तरह बात करें कि वह न तो सतही रहे और न ही रूमानी बन जाए। अगर शांति उपभोग की वस्तु बनती है, या अन्य उत्पादों की तरह हो जाती है जिन्हें हम खरीद-बेच सकते हैं तो इस परिवर्तन से हम सबसे पहले खोएँगे जोश के साथ बेची गई परिभाषाओं से बचने की अपनी क्षमता। उपभोग की एक वस्तु के रूप में शांति का मतलब होगा समय या जगह का एक शांत टुकड़ा और उसका मज़ा लूटने

के तरीके। वह मनोरंजन का एक साधन बन जाएगी। जंगलों को काट कर या गाँवों को खाली करके बनाया गया गोल्फ कोर्स खेल के लिए आने वाले उपभोक्ता को दिमाग़ी शांति ज़रूर देता है। ऐसे ही वह समुद्री तट भी शांति देता है जहाँ मन बदलने की तलाश में पहुँचे पर्यटक नशीले पदार्थ बड़ी आसानी से पा लेते हैं और जहाँ बच्चों को वेश्यावृत्ति में धकेला जाता है। इस तरह के उपभोगी रूप में शांति मनोरंजन से कोई खास भिन्न नहीं होती। इस समानता को देखना लाभप्रद होगा क्योंकि हमें उपभोगी मनोरंजन का अर्थ बहुत अच्छे से पता है। बड़ी कंपनियों और सरकार द्वारा प्रसारित किसी चीज़ की तरह, मनोरंजन रोजमर्रा की नीरसता से एक अस्थायी आराम दिलवाता है लेकिन वह तन्दुरुस्ती और स्व-नवीनीकरण के सामाजिक और व्यक्तिगत संसाधनों को छीन भी लेता है। जैसे-जैसे लोग मनोरंजन के उद्योग पर निर्भर होते जा रहे हैं, वे खुद अपना दैनिक जीवन व्यवस्थित करने की सामर्थ्य खोते जा रहे हैं।

शक्तिशाली राष्ट्रों द्वारा शांति के एकाधिकरण के परिणाम इसी तरह के होंगे, जिनमें से कुछ तो दिखने लगे हैं जब से अमेरिका और ब्रिटेन ने इराक पर घुसपैठी हमले किए और अन्य कुछ देशों को सहयोग देने के लिए जबरदस्ती फुसला लिया। शीत-युद्ध के बाद की दुनिया में अमेरिका अकेली महाशक्ति ही नहीं है, वह संसार का सबसे बड़ा हथियार निर्माता और विक्रेता भी है। जब वह शांति की बात करता है तो उसका अर्थ होता है ऐसे हथियारों की मदद से शांति बनाए रखना जिसमें व्यापक विध्वंस के हथियार शामिल हैं। जब वह दो युद्धरत राष्ट्रों को शांति का प्रस्ताव देता है तो प्रस्ताव में यह उम्मीद शामिल रहती है कि अमेरिका नवीनतम हथियारों की तकनीक की मिल्कियत में बराबरी बनाए रखने में दोनों को बराबर मदद देगा। भारत-पाक शांति में अमरीका की बिल्कुल यही रुचि है। अमरीका ने पाकिस्तान को पचास के दशक में ही अपने संरक्षण में ले लिया था; जिसका संदर्भ उस समय शीतयुद्ध था। अब, जब शीतयुद्ध खत्म हो गया है और भारत और सोवियत के सैन्य रिश्ते ने अपना अर्थ खो दिया है, तो अमेरिका की पाकिस्तान को दी जाने वाली सैन्य मदद का सीधा लक्ष्य है शान्ति बनाए रखने के नाम पर भारत से बराबरी। आतंकवाद पर अमेरिका की सामरिक पहल से एक

तरह का परिदृश्य उभरा है। सारे संसार में कई जगहों पर विभिन्न तरीकों से जिस संदर्भ में लड़ाई लड़ी जा रही है, वह बहुत ही जटिल है, क्योंकि उसमें स्वच्छंद सम्पत्ति का सार्वभौमिक विस्तारण शामिल है। एक स्थानीय समर जीतने या क्षेत्रीय युद्धप्रभुत्व बनाए रखने की आकुल उम्मीद में नए गठबंधन बनाए जा रहे हैं। अमेरिका से रिश्ता बनाने की भारत की हाल की मंजूरी इसी तरह की प्रक्रियाओं की श्रेणी में है। अगर यह एक गंभीर इच्छा है और लंबे समय तक चलने वाली है तो इसका मतलब है कि हम एक डूबते हुए जहाज पर चढ़ रहे हैं और हमें अच्छे भाग्य के लिए प्रार्थना करनी चाहिए–यह बात शांति-विचारक योहान गाल्टुंग ने एक व्याख्यान में दिसंबर 2005 में दिल्ली में कही थी। पाकिस्तान अमेरिका का एक महत्त्वपूर्ण मित्र है और आतंकवाद के खिलाफ बताई जाने वाली लड़ाई का एक हिस्सा पाकिस्तान के भीतर ही लड़ा जा रहा है, तो कोई यह कह सकता है कि पाकिस्तान को दी जाने वाली सामरिक सहायता आतंकवाद से लड़ाई के लिए है, भारत से लड़ने के लिए नहीं। इस तरह के तर्क में, जो कि युक्तिसंगत लगता है, यह बिंदु चूक जाता है कि तीसरी दुनिया के हथियारीकरण से अमेरिका के आर्थिक फायदे होते हैं, चाहे किसी भी तरह की लड़ाई को लड़ने की उम्मीद की जा रही हो। यह तर्क हमारा ध्यान इस ओर से भी हटा देता है कि हथियारों को विशेष लड़ाइयों या चिह्नित दुश्मनों से जोड़ना कितना बेतुका है। जंक फूड और सॉफ्ट ड्रिंक की तरह, हथियारों का उपयोग कहीं भी, कभी भी किया जा सकता है। लेकिन फिर, इस वैश्वीकृत होते संसार में कुछ लोग जंक फूड और पेय पदार्थों को भी संधिकर्त्ता की तरह देखते हैं। वे यह तर्क देते हैं कि ब्राण्ड नाम राष्ट्रीय सीमाओं को लाँघते और कमज़ोर बनाते हैं।

शांति की यह समझ जो उसे एक तरह का माल बना देती है और इस प्रकार शांति और युद्ध की तैयारी को समानार्थक बना देती है, एक प्रक्रिया के रूप में विकास के उपनिवेशिक विचार की निरंतरता की प्रतीक है जिसके चलते उपनिवेशित राष्ट्र उपनिवेशकों की तरह बन जाएँगे। यह सुनिश्चित कर लेना कि एक बार उपनिवेश बने राष्ट्रों का अपने भविष्य को लेकर कोई मौलिक दर्शन न बन पाए, उपनिवेशी परियोजना की सफलता का सबसे बड़ा सबूत होगा, जो कि अब एक

नए चरण में है। राष्ट्रीय विकास के रूप में यह परियोजना सैन्य पराक्रम की स्थिर और अविवाद्य संवृद्धि को अपने आप में एक लक्ष्य के रूप में आवश्यक बना देती है। भारत और पाकिस्तान द्वारा बनाये गये परमाणु बमों को उनके उपनिवेशिक इतिहास के इसी संदर्भ में देखना चाहिए।

सैन्य तैयारी में परमाणुकरण के रास्ते पर चल कर भारत और पाकिस्तान ने सिद्ध कर दिया है कि उनके पास प्रगति और विकास का कोई मौलिक दर्शन नहीं हैं। जो दर्शन उनके पास है वह उन सार्वभौमिक परमाणु शक्तियों से निकला है, जिनमें अतीत की साम्राज्यिक शक्तियों के अलावा अब तक साम्राज्यवादी का पद पाने का आकांक्षी चीन भी शामिल है। भारत और पाकिस्तान द्वारा प्रदर्शित विकास के मौलिक दर्शन की क्षमता की कमी कोई अनोखी बात नहीं है; वह तो सिर्फ एक और उदाहरण है, उनकी उपनिवेशित मानसिकता से उपजने वाली अनुकरणवादी नीतियों पर निर्भरता का। इतने ज़्यादा विकसित हो चुके युद्ध के यंत्र-तंत्र के खिलाफ कोई खास आवाज़ नहीं उठायी जा रही है, इससे पता चलता है कि शांति के रास्ते में एक बड़ी और ज्यादा व्यावहारिक कठिनाई है। इस का संबंध दैनिक लोकाचार से है जिसमें भारत और पाकिस्तान की जनता का मानस बसा हुआ है। और इस कठिनाई का संबंध शांति के लिए प्रचलित सद्भावना और सतही पहल पर अपनी उम्मीदें पूरी तरह से टिका देने की मूर्खता से भी है। इस तरह की उम्मीद अक्सर दोनों तरफ व्यक्त की जाती है, खासकर जब शांति के दौर का उद्घाटन करना होता है। इस तरह के क्षणों में दोनों तरफ के वाक्पटु संभ्रांत व्यक्ति असंख्य सांस्कृतिक समानताओं का आह्वान उसी आसानी के साथ करते हैं जिसके साथ पराकष्ठा पर पहुँची शत्रुता के मौसम में वे इन समानताओं की उपेक्षा कर देते हैं और भारत और पाकिस्तान के सूत्रबद्ध संस्करण पर अपना ध्यान केंद्रित कर लेते हैं, जो 'भारत पाकिस्तान को हड़प लेना चाहता है' या 'पाकिस्तान भारत को विखंडित कर देना चाहता है' जैसे वाक्यों में सिर्फ व्याकरणीय विषय बनकर रह जाता है। दोनों देशों के आम आदमी और औरत ऐसे लोकाचार में रहते हैं जिसे शक्तिशाली इलैक्ट्रॉनिक समाचार मीडिया और समाचार-कथाओं के निर्माता दैनिक रूप से आकार देते रहते हैं। यह उम्मीद करना कि युद्ध का तंत्र बने रहने और बढ़ते

रहने के दौरान आम जनता खुद अपने स्तर पर शांति का चुनाव कर लेगी, भ्रम की स्थिति को बुलावा देना है और शांति के लिए जरूरी बौद्धिक और सांस्कृतिक संघर्ष को तुच्छ बनाना है।

आधुनिकता का सामाजिक कार्यक्रम सहिष्णुता और विवेक की क्षमता से बहुत ही सीधे रूप में जुड़ा हुआ है इसीलिए आधुनिकीकरण की प्रक्रिया का व्यापक सामाजिक चरित्र, शांति के परिप्रेक्ष्य से एक नए, स्वस्थ दृष्टिकोण की माँग करता है। आधुनिकता की परियोजना अनुकरणीय बनी रहे, इसके लिए दोनों 'विकसित' और 'विकासशील' कहे जाने वाले संसारों में एक विस्तृत अवलोकन और भविष्य के लिए उनके लक्ष्यों को नया रूप देने की जरूरत है। अगर वैश्वीकरण का कोई अर्थ है तो उसमें निहित आधारभूत परिवर्तनों में से एक है विकसित-विकासशील के भेद को खत्म कर देने की सर्वसम्मति और यह मान लेना कि धनी इलाकों समेत संसार के सभी हिस्से एक जैसे संकट का सामना कर रहे हैं। इस आम संकट के कई सूचक हैं। इनमें से एक है संस्कृति और कल्याण के लिए लोगों के अपने संसाधनों पर आधुनिकीकरण और विकास का प्रभाव। आधुनिकीकरण के इस पहलू पर चर्चा अक्सर उस सुरक्षा को उद्धृत करके की जाती है जो विज्ञान और प्रौद्योगिकी ने बीमारियों, अकाल मृत्यु और प्राकृतिक विपदाओं के खिलाफ मानवता को दी है।

यह शुरुआत के लिए तो अच्छा बिंदु है लेकिन आधुनिकता की कोई भी निष्पक्ष चर्चा यहाँ खत्म नहीं हो सकती। केवल जीवित रह पाने के अलावा आधुनिक स्वास्थ्य सेवा ने गरीबों के विस्तृत वर्ग को कुछ खास नहीं दिया है और दूसरे लोगों को, जो स्वास्थ्य सेवा की महँगी प्रणाली खरीदने में समर्थ हैं, एक दुपहलू सुरक्षा मिली है। सार्वजनिक रूप से प्रबंधित औषध-निर्माण उद्योग पर निर्भरता ने एक कमजोर, शक्तिहीन, आत्मपरता को बढ़ावा दिया है जिसने अन्धविश्वास एवं नियति में भरोसे और धार्मिक रूढ़िवादिता को प्रोत्साहित किया है। ऐसा माना जाता था कि आधुनिक विज्ञान मानवता को इन सबसे निकाल सकता है। इसमें कोई शक नहीं कि आधुनिकता का यह पहलू राष्ट्र की चुस्ती और विदग्धता से जुड़ा हुआ है, लेकिन यह स्पष्ट होता जा रहा है कि विकसित कहे

जाने वाले राष्ट्र भी अच्छी और समतामूलक स्वास्थ्य सेवा को बनाए रखने में असमर्थ हैं। लोगों के स्वास्थ्य और कल्याण के क्षेत्र में भारत और पाकिस्तान जैसे देशों की असफलता का दोष बड़ी आसानी से अक्षम और भटकी हुई नीतियों पर मढ़ा जा सकता है जो उन्होंने हाल के अतीत में अपनाई। इस दौरान जो अल्पविकसित स्वास्थ्य व्यवस्था थी, वह भी उदारीकरण के नाम पर बिखर गई है।

अगर हम 'स्वास्थ्य' शब्द को एक विस्तृत रूप में समझकर उसमें मानसिक और मनोवैज्ञानिक कल्याण को शामिल करें तो हमारी असफलता और भी साफ हो जाती है। स्वास्थ्य के इस क्षेत्र को वस्तुपरक जाँच पड़ताल के लिए खोलने के बाद शायद हम विकास को पुनर्परिभाषित करने की अनिवार्यता को समझ पाएँ, उन जगहों के लिए भी जहाँ उसे सफलतापूर्वक हासिल कर लिया गया है, यानी विकसित कहे जाने वाले देशों में। अगर हम आधुनिकता के मनोवैज्ञानिक आलोचक ऐरिक फ्राम और ब्रूनो बैटलहाइम के फैसले को मानें तो वास्तव में विकसित समाजों की ज़रूरत और बड़ी नजर आती है। इन आलोचकों ने वैभवशाली समाजों में व्यापक विक्षिप्तता की हद से पर्दा हटाया है।[3] स्वास्थ्यसेवा एक प्राथमिक क्षेत्र है जिसमें आधुनिकीकरण के लिए विकास की परियोजना ने नई सामूहिक असुरक्षाओं और व्यापक बेगानेपन को जन्म दिया है।

इस तरह का एक अन्य क्षेत्र है शिक्षा। उसके विस्तार, जिसमें उसकी कनिष्ठा, यानी साक्षरता, शामिल है, के बारे में ऐसी मान्यता थी कि उससे लोक जागरण के अलावा रोज़गार और ऊँची आमदनी की राह प्रशस्त होती। इन वादों को पूरा करने से बहुत दूर आधुनिक शिक्षा की विस्तारित व्यवस्थाओं ने बेरोजगार लोगों की हताशा और सांस्कृतिक एवं उत्पादक कौशलों के अपरदन को प्रगाढ़ किया। आधुनिक शिक्षा उपनिवेशित संसार में ही असफल नहीं हुई, जहाँ उसका लक्ष्य देसी लोगों को 'सभ्य' बनाना था, बल्कि उपनिवेशकों की गृहभूमि में भी विफल रही। शिक्षित लोगों के लिए रोजगार के अवसर कम होना इस असफलता का एक पहलू है। यह बात विवाद के योग्य है क्योंकि शिक्षा उस आर्थिक व्यवस्था का सिर्फ एक अंग होती है जो सबके लिए पर्याप्त, सार्थक काम उत्पन्न करने में

असफल हो जाती है। तथापि, एक और यह आयाम है जहाँ आधुनिक शिक्षा की असफलता बेजोड़ है और दूसरे कारणों के साथ जोड़कर नहीं देखी जा सकती। यह आयाम मूल्यों का है। आधुनिक दक्षिण एशिया का कोई भी अध्येता लाभ देने वाली दैनिक स्थितियों के प्रति उच्च शिक्षित लोगों के निर्मम रवैये की उपेक्षा नहीं कर पाएगा। उदाहरण के लिए आधुनिक चिकित्सा की तकनीक की मदद से पैदा होने से पहले लड़कियों की हत्या व्यावसायिक रूप से योग्य डाक्टरों की मदद के बिना संभव नहीं है। फिर भी यह उदाहरण, संस्कृति और मूल्यों के उस आम पतन की तरफ हल्का-सा ही इशारा करता है जो उन देशों की सार्वजनीन शिक्षा के तत्वाधान में हुआ है जिनमें यह परियोजना स्पष्ट रूप से सफल मानी जाती है। इस मत पर श्रीलंका का प्रसंग भी लिया जा सकता है। सजातीय अस्मिताओं का फैलाव और सरकारी हिंसा की वृद्धि प्राथमिक शिक्षा के प्रसार के साथ-साथ हुई है। विकसित संसार में भी, सार्वजनीन शिक्षा का मतलब बढ़ी हुई जागरूकता या प्रचलित सक्रियता नहीं बन सका है, उन चरम स्थितियों में भी जिनमें अप्रमाणित खतरे के नाम पर राजनीतिक नेताओं ने एक सुदूर देश के अतिक्रमण के लिए जनता को समर्थन देने के लिए फुसला लिया है। पुनरुत्थानवादी राजनीति और अस्मिता के उत्थान और उसकी प्रतिष्ठा बनाए रखने के लिए हिंसा के इस्तेमाल की मौन सम्मति को आधुनिकता और विकास के अकल्पनीय परिणामों की तरह नहीं देखा जा सकता। असफल आधुनिकता के प्रत्येक मामले में मनोवैज्ञानिक, आर्थिक, राजनीतिक और सांस्कृतिक कारकों का एक गूढ़ मिश्रण पाया जा सकता है। एक विशिष्ट विवाद के पीछे विभिन्न कारकों की सक्रिय भूमिका और योगदान का तुलनात्मक अर्थों में विश्वसनीय ढंग से विश्लेषण करना एक कठिन धारा है। विश्लेषण करने का प्रयास कितना भी परिशुद्ध हो, लोकाचार और मानस जैसी व्यापक ताकतों की भूमिका धुँधली ही रहेगी। परमाणु सुरक्षा का मामला शायद संक्षेपी प्रसंग के लिए सबसे सही है। भारत और पाकिस्तान में शासन सँभालने वाले कहते हैं कि परमाणु क्षमता ने राष्ट्रीय सुरक्षा का भाव जगाया है। यह दावा निष्कपट रूप में हमें असुरक्षा की व्यापकता और उसके स्तर की कल्पना करने का आमंत्रण देता है जिस खतरे से भारत

और पाकिस्तान अभी विकसित परमाणु ताकत की मदद से उबर पाए हैं। उनकी राष्ट्रीय असुरक्षाओं की अन्तर्रचना को किसी महँगे एक्स-रे की जरूरत नहीं है। हम काफी संतोषजनक रूप से उसका अध्ययन कर सकते हैं, आत्म-सम्मान की उस प्रबल इच्छा के बारे में सोचकर जो भारत और पाकिस्तान दोनों ही आधुनिक राष्ट्र-राज्यों की मंडली में महसूस करते हैं। आर्थिक आधारों पर की गई परमाणु कार्यक्रमों की आलोचना बेकार होगी, क्योंकि परमाणु बम अपने पास होने के महत्त्व का उसके लिए खर्च की गई धनराशि से कुछ खास लेना-देना नहीं है। परमाणु बम रखने का प्रश्न चरित्र का प्रश्न है। यह रखने वाले के पागलपन और उस तरह का दर्द देने की इच्छा का प्रश्न है जैसा अमेरिका ने जापानियों को 1945 में दिया था। परमाणु क्षमता का विकास समाज के वैज्ञानिक क्षमता और आधारभूत ढ़ांचे का उतना ही प्रतिबिम्ब है जितना आंतरिक अशांति का जो दूर या पास रहने वाले लोगों के लिए संदेह और घृणा के रूप में अभिव्यक्त होती है। इस दृष्टि से, हम संसार के सबसे शक्तिशाली राज्य के रूप में अमेरिका की सर्वोच्च असुरक्षा देख सकते हैं और दूसरे राष्ट्रों के प्रति उसकी घृणा और संदेह को भी। हमारी घृणा और संदेह के दो पात्र हैं, और पाकिस्तान का एक।

राष्ट्रीय मानस के इन पक्षों की इसके आगे की जाँच-पड़ताल भारत और पाकिस्तान में अमेरिका से बढ़ती हुई आत्मीयता को खोलकर रख देगी। यह बात हमें कारकों के एक और घेरे में ले आती है जो हमें यह कहने के लिए विवश करती है कि आधुनिकीकरण की परियोजना शांति का वादा नहीं कर सकती जब तक कि गहराई से उसकी पुनर्रचना न की जाए। इस घेरे में हमारा ध्यान सृजनात्मकता और संवेदना के स्पन्दन की उन गहन क्षतियों पर जाता है जिन्हें पश्चिम से जोड़ा जाता था। उन्हें मिटा दिया गया है, और उनकी जगह आतंकवाद के खिलाफ लड़ाई के नीरस विमर्श ने ले ली है। आतंकवाद से लड़ाई की कड़ी आर्थिक और सामाजिक नियोजन में निहित नव-उदारवादी प्रवृत्ति से जुड़ी है। इस प्रवृत्ति के समर्थक हमारा ध्यान इस बात से हटा देते हैं कि नव-उदारवादी आर्थिक पुरातनपंथ उतना ही हिंसक है जितना कोई भी धार्मिक पुरातनपंथ; और यह भी कि आतंकवाद से लड़ाई, युद्ध की व्यापकता को

बढ़ाने का बड़ा ही पारदर्शी बहाना है। वह प्रतिद्वन्द्वी विचारधाराओं को छिपाने के अलावा आधुनिक राष्ट्र-राज्यों की सजातीय और सांस्कृतिक विविधता को भी ढाँप रहा है। इस दृष्टिकोण से नव-उदारवादी आर्थिक नुस्खे अब एक विचारधारा की तरह लगने लगे हैं, जिनका सामना आधुनिकता को पुनर्परिभाषित करके ही किया जा सकता है।

पाकिस्तान और भारत के लिए यह मार्ग काफी कुछ उपनिवेशवाद की रेत में धँसा हुआ है, लेकिन उसे उबारा जा सकता है। स्वास्थ्य, शिक्षा, अर्थव्यवस्था और संस्कृति की नीतियों का इस मार्ग के सुधार के लिए बड़ा महत्त्व है। उपनिवेशित होने के अनुभव का मतलब है कि दोनों में से कोई भी देश अपनी मौलिकता पर निर्भर नहीं रह सकता। उन पर सार्वभौमिक वर्चस्व वाली संस्थाओं और पहले की उपनिवेशिक शक्तियों की तरफ से आने वाले नुस्खों को मानने का दबाव रहता है। ये दबाव अक्सर भद्दे होते हैं, लेकिन न भी हों तो भी वे हमें झुकाने में सफल हो जाते हैं क्योंकि इन्हें काफी घरेलू समर्थन भी मिलता है। भ्रष्टाचार इस समर्थन का एक महत्त्वपूर्ण कारक है और दफ़्तरशाही अक्षमता और राज्य से मध्यम वर्ग का भ्रम टूटना, अन्य कारण हैं। बाहरी दबाव इन दोनों का फायदा उठाते हैं और नीतियों में एक विवेकहीन पुट घुसाने में प्रायः सफल हो जाते हैं जिससे वे आधुनिकीकरण के नाम पर आधुनिकता की मूल भावना को ही उलटकर रख देते हैं। भारत में शिक्षा और स्वास्थ्य की व्यवस्थाएँ हाल के वर्षों में इस अनुभव से गुजरी हैं जिसकी पृष्ठभूमि में विश्व बैंक समर्थित 'स्ट्रक्चरल एडजस्टमेन्ट' कार्यक्रम था। इस वृहत प्रक्रिया के तात्कालिक परिणाम भ्रामक और अक्सर अबोधगम्य होते हैं। नीतियों के विदेशी प्रभाववश विकृत किए गए पाकिस्तान का अनुभव कहीं ज्यादा लंबा है, लेकिन हम भारत में उससे कुछ सीख लिये जाने की उम्मीद मुश्किल से ही कर सकते हैं। जहाँ तक सार्वजनिक स्वास्थ्य और सरकारी शिक्षा व्यवस्थाओं के क्षतिग्रस्त होने का सवाल है, दोनों ही देश एक जैसी स्थिति में हैं। आधुनिकता की परियोजना अब निजी फायदों के चंगुल में पड़ गई है जिनका झुकाव उन प्रक्रियाओं और घटनाओं के बहाव के साथ जाने में है जो सार्वभौमिक पूँजीवाद के साथ भारत की अर्थव्यवस्था के व्यवस्थागत समायोजन से उत्पन्न हुआ है।

विदग्धता की कमी और निरंतर आधुनिकीकरण के लिए विदेशी संसाधनों और विचारों पर निर्भरता को, एक आक्रामक महाशक्ति के रूप में अमेरिका के उदय ने और ज्यादा बदतर बनाया है। निर्भरता का स्वभाव इस हद तक पहुँच गया है कि भारत और पाकिस्तान के बीच शांति अब अमेरिका की इच्छा का मामला कहा जाने लगा है। जब तक अमेरिका दक्षिण एशिया में युद्ध नहीं चाहेगा, इस तर्क के अनुसार तब तक युद्ध नहीं होगा। दो आज़ाद राष्ट्र-राज्यों की प्रभुसत्ता के लिए अपमानित होने के अलावा इस विचार में इतिहास के बोध की भी कमी है। महाशक्तियों और दूसरे प्रभुत्वशाली देशों ने 1971 में दक्षिण एशिया में तनाव घटाने का प्रयास किया था, लेकिन स्थानीय कारक ज्यादा मजबूत साबित हुए और अंततः उनके कारण युद्ध होकर रहा। जो भी हो, यह कतई स्पष्ट नहीं है कि अगर भारत और पाकिस्तान के बीच एक और युद्ध होता है और दोनों ही अपने-अपने परमाणु बमों का इस्तेमाल करते हैं तो अमेरिका के लिए ऐसी कौन-सी बड़ी दुखद घटना हो जाएगी। आज के दक्षिण एशिया के मुकाबले अणु विनाश से घायल अवस्था में वह कहीं बेहतर संसाधन सिद्ध होगा। वर्तमान परिस्थितियों में अमेरिका के वर्चस्व वाली बहुराष्ट्रीय कंपनियाँ पहले से ही भारत और पाकिस्तान की आबादी के सहारे चलने वाले बाज़ार का दोहन करने के लिए जो भी कर सकती थीं, कर रही हैं।

7

युद्धरत अस्मिताओं के परे

शिक्षा इतने सारे अलग-अलग तरीकों से काम करती है और उसके इतने विभिन्न अर्थ होते हैं कि कोई उसकी प्रकृति और भूमिका के बारे में सामान्यीकृत वक्तव्य देने का जोखिम नहीं उठा सकता। वह ऐसी शक्तियों को प्रवर्तित कर सकती है जो जरूरी नहीं है कि आपस में सुसंगत हों, पर जिनसे लोग, राष्ट्र और सारा संसार ऐसे मायनों में प्रभावित होते हैं जिनका पूरा अनुमान नहीं लगाया जा सकता। किसने सोचा होगा कि भारत को उपनिवेश बनाने के लिए रची गई व्यवस्था ही अंग्रेजी शासन से आज़ादी पाने के लिए इतने सारे लोगों को प्रेरित कर सकेगी? इसका विपरीत तर्क भी कोई कम सत्यभाषी नहीं है कि शिक्षा ने सच में भारत के उपनिवेशीकरण में मदद की और भारतीयों की कल्पना को इस हद तक कुचल दिया कि राजनीतिक आज़ादी की प्राप्ति से शिक्षा व्यवस्था में कोई खास फर्क नहीं पड़ पाया है। पहला तर्क हमें उस संभावना की याद दिलाता है जो शिक्षा में मुकाबला करने के एक ज़रिए के रूप में है; दूसरा हमें याद दिलाता है कि वह कैसे यथास्थिति को बनाए रखने का काम बड़ी सहजता से करती है। दोनों तर्कों के समर्थन में प्रमाण ढूँढ़े जा सकते हैं और यह तय करना मुश्किल होगा कि किस प्रमाण में ज़्यादा दम है। शिक्षा ने असंख्य राजनीतिक और सांस्कृतिक नेताओं को भारत की एक स्वतंत्र राष्ट्र के रूप में कल्पना करने के लिए प्रेरित किया था। शिक्षा के अवसरों से एक सामाजिक क्रांति भी आई जो दलितों और उच्च जातीय हिंदुओं और पुरुषों एवं महिलाओं के संबंधों की संरचना में आज भी प्रकट हो रही है। साथ ही, यह भी नहीं नकारा जा सकता कि भारत की निरंतर चल रही अस्थिरता के लिए

औपनिवेशिक शिक्षा व्यवस्था ज़िम्मेदार है। अगर लोग भावनात्मक रूप से इतने उत्तेजित रहते हैं कि जनसमूह जरा से प्रयास से उन्मादी भीड़ में बदल जाता है और एक सुनियोजित कार्यक्रम के अनुसार दंगे करवाए जा सकते हैं तो ज़िम्मेदारी के बोझ का कुछ हिस्सा तो शिक्षा व्यवस्था पर आना ही चाहिए जो मौलिक रूप से सामूहिक मानस को पालतू करने के लिए रची गई थी।

शिक्षा और युद्ध के बीच का रिश्ता अच्छे तालमेल वाले तर्कों का एक समुच्चय है। यह एक आम धारणा है कि शिक्षा का विस्तार शांति की संभावना को बढ़ाता है। इस धारणा में अंतर्निहित है शिक्षा के बारे में यह नेक विचार कि वह दिमाग का विस्तार करने का साधन या बल बन सकती है। शिक्षा की यह छवि थोड़ा सा सत्य अवश्य खोलती है, पर यह एहसास नहीं होने देती कि शिक्षा की अधिकतर व्यवस्थाओं में जिन लोगों पर यह सच लागू हो सकता है उनकी संख्या बहुत कम है। साथ ही जब हम इस तरह का दावा सुनते हैं तो हमें यह नहीं याद रहता कि शिक्षा दिमाग को बंद भी कर सकती है। इस नेक विचार के प्रचारक हमें याद दिलाते हैं कि शिक्षा अगर ऐसा कर दे तो वह सही अर्थों में शिक्षा नहीं होगी। यह आग्रह कि शिक्षा केवल सकारात्मक हो सकती है, एक अनुभूति को प्रतिबिंबित करती है जो इतनी प्रचलित और शक्तिशाली है कि पुनर्विचार की इच्छा का कोई भी प्रयास सफलता के लायक नहीं लगता। शायद विषय की स्वीकृति को लेकर हमारे पास कोई विकल्प ही नहीं है क्योंकि शाब्दिक रूप में शिक्षा का चरित्र मानकीय है। किसी भी अन्य सामाजिक प्रक्रिया की तरह शिक्षा का विश्लेषण उसके प्रभाव में भेद करने के दृष्टिकोण से किया जाए जो वह अलग परिस्थितियों में डालती है-इस दलील को समझा पाने का काम बहुत ही मुश्किल है। जे. कृष्णामूर्ति का तर्क कि आधुनिक शिक्षा ने युद्ध को समर्थन देने वाले लोकाचार के निर्माण में महत्त्वपूर्ण योगदान दिया है, दलील की इसी श्रेणी में आता है। जब भी यह मत रखने के लिए कि शिक्षा एक गूढ़ साधन है मैंने इस तर्क को उद्धृत करने का प्रयास किया है, मेरे श्रोताओं ने कृष्णमूर्ति के तर्क को कुछ गलत हो जाने के नाटकीय तकाज़े की तरह लिया है या आधुनिक संसार में शिक्षा के दुरुपयोग के तकाज़े की तरह।

कृष्णमूर्ति ने अपने तर्क को समझाने के लिए शिक्षा के उस उपयोग को उद्धृत किया है जो संसार के सभी देशों में राष्ट्रीय अस्मिताओं के निर्माण के लिए किया जाता है। जब शिक्षा का इस्तेमाल इस तरीके से किया जाता है तो वह सामूहिक अहम् को चढ़ा देती है और मानवता को जो भी 'दूसरा' हो उसके प्रति उदासीन बना देती है। इस तरह से आधुनिक शिक्षा लाखों लोगों का दिमाग जीवन के शुरुआती व मानस निर्माण की दृष्टि से संवेदी वर्षों में ही बंद कर देती है। वे राजनीति और अन्य तरह के प्रचारों के प्रभाव के दायरे में आ जाते हैं जिन्हें फिर राष्ट्र के बचाव के लिए बढ़ा-चढ़ा कर पेश किया जाता है। इस तरह से तर्क करते हुए, कृष्णमूर्ति यह प्रश्न उठाते हैं कि क्या शिक्षा को भिन्न तरह से संकल्पित किया जा सकता है ताकि वह लोगों को संकीर्ण राष्ट्रवादी प्रचार के प्रति अप्रभावी बना दे।

निश्चय ही, कृष्णमूर्ति यह सुझाव नहीं दे रहे कि अगर लोगों को बिल्कुल शिक्षा न दी जाए तो वे प्रचार से कम नियन्त्रित होने लगेंगे। यह इल्ज़ाम लगाना कि वह निरक्षरता को रोमांचक बना रहे हैं, बिल्कुल ही गलत होगा। यह कहना कुछ इसी तरह होगा कि रूसो मनुष्य के लिए प्रकृति के राज्य का एक आदर्श की तरह समर्थन कर रहे थे। दुख की बात है कि इस तरह का विरूपण बड़ी सामान्य बात है; और भी बुरी बात है कि ज्ञानी लोग ऐसा करते हैं। शायद यह आधुनिकता और प्रगति के विचार से चिपके रहने की प्रवृत्ति है जो कई लोगों को स्कूल सरीखी आधुनिक संस्थाओं की आलोचना का मजाक बनाने के लिए बाध्य करती है। एक डूबते हुए जहाज में, यह विचार करना कि दूसरा रास्ता लेना चाहिए था, बकवास ही माना जाएगा। जहाज को स्थिर करने और योजना के अनुसार यात्रा जारी रखने लायक बनाने के लिए किया गया कोई भी प्रयास अक्लमंदी का काम माना जाएगा। यही वह मनोवृत्ति है जिसमें हमारे जैसे वे लोग आजकल अपने आप को पाते हैं जो भारत में एक आधुनिक धर्मनिरपेक्ष सामाजिक संरचना को बल देने के साधन के रूप में शिक्षा में भरोसा करते हैं। हम अपने आपको घिरा हुआ महसूस कर रहे हैं। धार्मिक पृथकतावाद और पुरातनवादिता के बढ़ते जोखिम ने कई सांस्कृतिक और राजनीतिक क्षेत्रों पर कब्ज़ा कर लिया है। पश्चिम अब

सामाजिक परिवर्तन के प्रेरक सिद्धांतों का स्रोत नहीं रह गया है, बल्कि घटिया सांस्कृतिक तिजारती माल का निर्मम निर्यातक बन गया है। उसकी प्रचलित प्रतिक्रिया ने धार्मिक पुनरुत्थान का रूप ले लिया है और वह धर्मनिरपेक्ष आधुनिकों को खतसार लगता है। हम आशा किए जा रहे हैं कि यह सब बदल जाएगा और एक जाग्रत नागरिक वर्ग बनाने की हमारी योजना निर्विवाद चलती रहेगी। हर बार जब पाकिस्तान के साथ युद्ध की संभावना उभर आती है, तो हम साँस रोककर उम्मीद करते हैं कि शांति-प्रक्रिया कही जाने वाली चीज़ शुरू हो जाए, उसी शासन के तहत भी जिसने हाल में ही समर्थन जुटाने के लिए युद्ध का सहारा लिया था। हमें उस समूहगान के साथ स्वर मिलाने के अलावा कोई विकल्प नहीं सूझता जो पाकिस्तान को एक असफल राज्य की तरह बदनाम करता है कि जब तक वह लोकतांत्रिक नहीं बनेगा, भारत के साथ शांति स्थापित नहीं होगी।

कृष्णमूर्ति की राष्ट्रवादी शिक्षा की आलोचना पर यह आक्षेप लगाना बहुत आसान है कि वह उन खतरों की परवाह नहीं करते जो राष्ट्र-निर्माण की उपेक्षा में छिपे हुए हैं। उन पर ऐसा सामाजिक रहस्यवादी होने का इल्जाम लगाना बड़ा आसान है जो प्रोत्साहन, व्यक्तिगत बलिदान और श्रेष्ठता के स्रोत के रूप में राष्ट्रवाद की निरंतर चलने वाली भूमिका को नहीं समझता। यह भी संभव है कि कुछ लोग उनको राष्ट्रविरोधी मान लें। जब शांति-शिक्षा के मेरे विद्यार्थियों ने शिक्षा और विश्वशांति पर कृष्णमूर्ति के विचार पढ़े, तो उनकी पहली प्रतिक्रिया अविश्वास की थी कि कोई भला कैसे ऐसी बात कर सकता है। कई तो स्पष्ट रूप से बड़े परेशान हुए और सभी यह जानना चाहते थे कि अगर शिक्षा राष्ट्रवाद को मन में बैठाना बंद कर देगी तो भारत को विदेशी खतरों से कैसे बचाया जाएगा। कृष्णमूर्ति संकीर्ण राष्ट्रवाद की बात कर रहे हैं, मूल राष्ट्रवाद की नहीं, यह जानकर थोड़ी राहत मिलती है लेकिन दोनों के बीच का अंतर इतना बारीक है कि उसका विवरण देना कठिन होगा। कोई भी यह निश्चित रूप से नहीं मान पाता कि किसी खतरे की धमकी का प्रतीकात्मक आह्वान किए बिना भी बच्चों में राष्ट्रवादी उत्साह पैदा किया जा सकता है।

अगर हम सतह के नीचे कुरेदेंगे तो हम शिक्षा की ऐतिहासिक भूमिका को उसके नियमबद्ध अर्थ और काम से अलग करने की अनिवार्यता समझ लेंगे। उस समस्या का समाधान इसी तरह संभव है जिसे कृष्णमूर्ति और उनसे पहले रूसो ने उठाया था, कि बिना शिक्षा के ऐतिहासिक चरित्र से नजर हटाए उसमें आस्था किस तरह बनाए रखी जाए। मानवीय मूल्यों के प्रशिक्षक के रूप में शिक्षा की महत्त्वपूर्ण भूमिका है जो शांति में योगदान दे सकती है। लेकिन यह भूमिका, अपने प्रभाव के लिए उस व्यवस्था पर निर्भर करती है जिसके तत्वावधान में शिक्षा का प्रसार होता है। व्यवस्था में केवल शिक्षा नहीं राज्य के कई अन्य काम शामिल हैं।[1]

आधुनिकता की परिस्थितियों में राज्य ही उन सामूहिक अस्मिताओं की तर्कबद्ध संरचना को समेकित और प्रसारित करने के लिए काम करता है जिन्हें राष्ट्रीयताओं की संज्ञा दी जाती है। उनमें से कुछ अस्मिताएँ स्थिर हैं, अन्य अभी भी आकार ले रही हैं या संघर्षरत हैं। आधुनिकता इन सामूहिकताओं के तर्कशील नियोजन में किसी भी लचीलेपन या विच्छेद की आज्ञा नहीं देती, सिवाय राष्ट्रों के बीच या उनके भीतरी युद्धों की कीमत पर। आधुनिकता उस शैक्षिक कर्म को निरुत्साहित करती है जो इंसानी समूहों के तार्किक नियोजन के बारे में प्रश्न उठाने की मंशा रखता है। राज्य को सामूहिक अस्मिताओं का सर्वोच्च प्रतिनिधि बनाने वाली आधुनिक अवधारणा में निहित तर्क से स्वयं को अलग किए बगैर शिक्षा किसी नए रूप में आयोजित नहीं हो सकती, न ही नये उद्देश्यों के लिये इस्तेमाल की जा सकती है।

अस्मिता की अवधारणा अपने आप में एक दुपहलूपन लिये हुए है। वह हमसे 'स्वः' के मायनों में सोचने की माँग करती है जो 'दूसरे' से भिन्न हो। स्वः को निर्मित करना 'दूसरे' की निर्मिति के बगैर संभव नहीं है, यानी ऐसा वास्तविक 'दूसरा' आवश्यक है जिसे स्वः में शामिल नहीं किया जा सकता। व्यक्तिगत स्तर पर लागू किए जाने योग्य इस द्वैतवादी सृजन का एक निश्चित उपयोग है, खासकर जीवन के शुरुआती वर्षों में जब वह 'स्वः' को निर्मित करने और बनाए रखने की प्रेरणा को प्रोत्साहित करता है। स्वः का एक सबल भाव बनाए रख कर ही कोई अपने जीवन

की सार्थकता के भाव का काम कर सकता है। यह बड़े होने का एक महत्त्वपूर्ण पहलू है जो हरेक मनुष्य से एक लक्ष्य या उद्देश्य निर्धारित करने की माँग करता है। इस मामले में आधुनिकता की तुलना आधुनिकता के पूर्व की स्थिति से तुलना करना ठीक नहीं होगा, लेकिन ऐतिहासिक रूप से यह सच है कि औद्योगिकीकरण और पूँजीवाद आधुनिकता के कारकों में से दो सबसे महत्त्वपूर्ण कारक हैं जिनकी उन्नति ने व्यक्ति को ऐसे मायनों में उत्तरदायी बनाया है जो पहले के समय में अकल्पनीय रहे होंगे। पहला मायना, जिसमें आधुनिकता एक व्यक्ति को ज़िम्मेदार होने के लिए मजबूर करती है, जीवन में एक उद्देश्य ढूँढ़ने के संदर्भ में प्रकट होता है। यह जरूरी है कि हम व्यक्तिगत स्तर पर ऐसे उद्देश्य ढूँढ़ पाएँ जो हमें संतुष्टि दें, प्रेरणा दें और सूचना एवं परिस्थितियों के कारण होने वाले घातक हमलों से उत्पन्न होने वाली अर्थहीनता से बचा पाएँ। अपने आपका एक भाव या एक व्यक्तिगत अस्मिता हमें जीवन के उद्देश्य को ढूँढ़ने और उसे कायम रखने में मदद करती है। एक बार विकसित हो जाने पर, यह अस्मिता जीवन के लक्ष्यों में निरंतरता ला देती है। इस अर्थ में शिक्षा के लिए अस्मिता एक महत्त्वपूर्ण शर्त है। वह बच्चों को एक बदलते हुए, प्रायः भ्रमित करने वाले संसार से जूझने में मदद करती है। शिक्षा और अस्मिता का यह गठजोड़ आधुनिक बचपन की विशेषता है, जो कि ऐतिहासिक रूप से विदित, पहले की किसी भी संस्कृति में बचपन के संदर्भ में अकल्पनीय और अप्रासंगिक ठहरेगा। इसीलिए शिक्षा की पुरानी व्यवस्थाएँ, मार्गदर्शन के स्रोत के रूप में कोई खास मदद नहीं कर सकतीं, फिर भी वे हमें आज या भविष्य में शिक्षा को आकार देने के लिए एक तरसानेवाले रूप में कभी-कभी प्रेरित अवश्य करती हैं।

अस्मिता का एक और आयाम भी है जिसे उसके व्यक्तिगत आयाम से पूरी तरह अलग नहीं किया जा सकता। इस आयाम में अस्मिता सामूहिक स्वः की तरफ इशारा करती है जिसे बच्चे शुरुआती वर्षों से ही अपने व्यक्तित्व में आत्मसात करने लगते हैं। व्यक्तिगत अस्मिता पालन-पोषण का एक श्रमसाध्य परिणाम होती है जबकि सामूहिक अस्मिता तो दूसरों से पाई हुई एक भावना भर है। उसमें एक प्रोत्साहिक रूप भी है। सामूहिक स्वः के कई पहलू संस्कृति में रची-बसी प्रक्रियाओं

की मदद से उस व्यक्तिगत स्वः में सम्मिश्रित हो जाते हैं जिसकी बनावट एक आकार ले रही होती है। सबसे ज्यादा रची-बसी प्रक्रियाओं में भाषा के उपयोग और धार्मिक आस्था के व्यवहारों से जुड़ी चीजें होती हैं। आकांक्षाओं, उपलब्धियों और वैयक्तिक चाहतों के इर्द-गिर्द बुने हुए व्यक्तिगत 'आत्म' के स्थिर होने से पहले ही बड़ा हो रहा बच्चा समुदाय के दूसरे बच्चों से 'भिन्न' हो जाता है। अपने जीवन में सार्थकता लाने और उद्देश्य तय करने में स्वः के पहलुओं की उतनी ही निर्णायक भूमिका होती है जितनी अन्य वैयक्तिक पहलुओं की। स्वः के इन पहलुओं का उद्‌भव एक सामूहिक व विरासती अस्मिता में होता है। हममें से वे लोग, जिन्होंने अपना बचपन राष्ट्रीय इतिहास के शांतिपूर्ण समय में बिताया या राष्ट्र के ऐसे भाग में जहाँ उस समय कोई कोहराम नहीं था, 'सामूहिक स्वः' और 'व्यक्तिगत स्वः' की परस्परनिर्भरता को पूरी तरह से नहीं समझ सकते। उसी तरह से, एक आत्मनिर्भर राष्ट्र के नागरिकों को एक संघर्षरत राष्ट्र के बच्चों की समस्याएँ समझ सकने के लिए एक विशेष प्रयास या पूछताछ की जरूरत पड़ सकती है। स्वः देश से निर्वासित तिब्बती लोगों के 'स्वः' के विकास पर हनी ओबराय का शोधकार्य पढ़ने से पूर्व मैंने इस समस्या पर सैद्धांतिक अर्थों में विचार भी नहीं किया था। उसे पढ़कर ही मैं अचानक अपने इस सौभाग्य के प्रति सचेत हो पाया कि मुझे बड़े आराम से भारत-पाक विभाजन के बाद जन्म लेने और नेहरू के भारत में, वह भी उन इलाकों से बहुत दूर बड़ा होने का लाभ मिला जहाँ भारत उस समय तक लड़ाइयाँ लड़ रहा था।

अस्मिता के इन विरासती पहलुओं के संदर्भ में हम स्कूल की भूमिका को कैसे परिभाषित करें, यह एक बहस लायक प्रश्न है। बच्चे को प्रोत्साहित करने की खातिर एक सच्चे इसाई, मुसलमान या हिंदू का आदर्श स्थापित करने के लिए शिक्षक जो भी कर सकता है, उसमें स्कूल की भूमिका निश्चित रूप से है। राष्ट्रीय अस्मिता का आह्वान करना एक ऐसी दिशा है जिसमें स्कूल अपनी भूमिका को शायद कुछ विशेष मानता है, क्योंकि समुदाय या परिवार राष्ट्र को उतना गंभीर मुद्दा नहीं मान पाते जितना राज्य मानता है। राज्य के एक औज़ार की तरह आधुनिक समाज में स्कूल इस भूमिका को वैध उत्साह के साथ स्वीकार करता है। वह

बच्चों को सच्चे और आदर्श भारतीय या पाकिस्तानी बनने की दिशा में काम करने के लिए प्रेरित करता है। समुदाय और परिवार द्वारा दूसरे संघटकों की मदद से तैयार इमारत के ऊपर स्कूल एक ज़ोरदार सामूहिक स्वः या अस्मिता के सृजन में अपना योगदान देते हैं। स्कूल अक्सर इस विशेष भूमिका को बच्चे की निजी अस्मिता के सामूहिक पहलुओं को विस्तार देने वाले साधन की तरह देखते हैं। राष्ट्रीय आदर्श के मुकाबले भाषायी, धार्मिक और सामूहिक अस्मिता के दूसरे रूप उसे संकीर्ण लगते हैं। स्कूल एक राष्ट्रीय आदर्श को स्थापित करता है और लक्ष्य निर्धारित करने एवं वैयक्तिक स्व और सांस्कृतिक रूप से परिभाषित स्व की सीमाओं को पार कर पाने की क्षमता के विकास के साधन की तरह इस्तेमाल करता है।

इसे शिक्षा का नागरिक लक्ष्य कहे जाने की परिपाटी रही है क्योंकि यह लक्ष्य बच्चों के दिमाग में नागरिकता के आदर्श विकसित करने के प्रशिक्षण की तरफ इशारा करता है। कृष्णमूर्ति और उनसे पहले टैगोर, और इन दोनों से बहुत पहले रूसो को उस समस्या का आभास हो गया था जो नागरिक शिक्षा अध्यापक के सामने पेश करती है। उसे रूसो के शिक्षा संबंधी विचारों से उभरने वाले केन्द्रीय प्रश्न की संज्ञा देना बिल्कुल सही है। प्रश्न यह है कि : 'क्या हम बच्चे की मानवता को कुचले बिना उसे अच्छा नागरिक बनने की शिक्षा दे सकते हैं? 'अच्छा नागरिक' जुमले के कई निहितार्थ हैं जिनमें से एक है राज्य के प्रति वफादारी। आधुनिक राष्ट्र राज्यों के संदर्भ में इस वफादारी में दूसरे राष्ट्रों के मुकाबले अपने राष्ट्र के प्रति ज्यादा प्रतिबद्धता शामिल होती है। नागरिक शिक्षा का लक्ष्य होता है अपने आप को अपने राष्ट्र से अभिन्न बनाना और प्रभुसत्ता संपन्न राज्य के प्रति वफादार बनाना। अस्मिता के संदर्भ में, नागरिक शिक्षा बच्चे के अपने राष्ट्र और दूसरे राष्ट्रों के बीच में निश्चित रूप से प्रतिस्पर्धी दो-पना पैदा करती है। वह बच्चे को राज्य की इच्छा का साथ देने और कुछ परिस्थितियों में राज्य की इच्छा को अंतिम और बाध्य इच्छा की तरह स्वीकार करने के लिए समाजीकृत करती है। दूसरे राष्ट्र से युद्ध लड़ने की इच्छा इसी श्रेणी में आती है।

अगर किसी का राष्ट्र-राज्य दूसरे राष्ट्र-राज्य के साथ युद्ध करता है

तो व्यक्ति के पास युद्ध का समर्थन करने और उसमें शामिल होने के सिवाय कोई विकल्प नहीं होता। 'दूसरे' राष्ट्र के नागरिकों पर बरपाई जाने वाली हिंसा हमें युद्ध से दूरी बनाने के लिए पर्याप्त आधार नहीं दे पाती। आधुनिक परिस्थितियों में नागरिकता का आदर्श एक शिक्षित व्यक्ति को व्यक्तिगत निर्णय लेने और मन बनाने से रोकता है। उस का देश जिस युद्ध में उलझा है वह नागरिक की दृष्टि से कितना भी विवादास्पद हो, अच्छे नागरिकों के पास उसका समर्थन करने के सिवाय कोई विकल्प ही नहीं होता, चाहे भावनात्मक और बौद्धिक दृष्टि से किसी दूसरे देश में रहने वाले साथी इंसानों को घायल करने के विचार से उन्हें घृणा हो रही हो। अपने राष्ट्र का राज्य इस जुगुप्सा और व्यापक हिंसा के असहाय दर्शक बनने से होने वाली मानसिक पीड़ा को घटा देता है। ऐसा करने के लिये वह बच्चों को ऐसी भावना में समाजीकृत करता है जिसके सहारे वे अपने राष्ट्र से पूरी तरह तादात्मय बिठा लें और दूसरे राष्ट्रों के नागरिकों को आम इंसान के रूप में न देखें। शिक्षा अच्छे नागरिक को एक दोहरी दृष्टि विकसित करने में सक्षम बनाती है और इस तरह की दृष्टि में शामिल मानसिक संतुलन भी देती है। यह दोहरी समझ शिक्षित नागरिक को ऐसी काबिलियत देती है कि वह अपने देश के सदस्यों को तो आम आदमी-औरतों की तरह देखे लेकिन 'दूसरे' देश को सिर्फ एक नाम वाला क्षेत्र बना दे। इस दोहरी समझ के जादू से वे आदमी और औरतें तो गायब ही हो जाते हैं जो हथियारों से होने वाली पीड़ा और हिंसा का शिकार बन सकते हैं। रूसो का सवाल हमें यह सोचने के लिए कहता है कि जो शिक्षा ऐसी दोहरी समझ देती है क्या उसे शिक्षा कहना उचित है?

आधुनिक शैक्षिक एवं राजनीतिक चिंतन में रूसो की इस चुनौती पर, कि अच्छे नागरिकों की शिक्षा अच्छे इंसान भी बनाये—गहराई से विचार किया गया है। भारत में, गांधी और टैगोर दोनों ने शिक्षा और राष्ट्रीय लक्ष्यों के बीच तालमेल रखने के प्रयास के साथ-साथ शिक्षा के विश्वव्यापी लक्ष्यों को संरक्षित रखने के लिए बहुत मेहनत की थी। दोनों ने ही ऐसे संस्थायी और शिक्षाशास्त्रीय तरीकों का विकास किया जो अमूर्त आदर्शों की बजाय जरूरतों पर आधारित थे। टैगोर ने कलावादी जरूरतों को सबसे ज्यादा महत्त्व दिया। कलात्मक गतिविधियों का अभिव्यक्ति परक रूप

बच्चे की ऊर्जा को आक्रामकता और हिंसा से परे रखने के सशक्त साधन की तरह उभरा। आशीष नन्दी के शब्दों में कहें तो टैगोर ने 'राष्ट्रवाद की अवैधता' को भी उजागर किया। ऐसा करने के लिए टैगोर ने उन संस्थागत कार्यों पर जोर दिया जो बच्चों को विविध अस्मिताओं और व्यक्तियों के समुदाय में समाजीकृत करने में सक्षम थे। दूसरी तरफ, गाँधी ने एक ऐसी पाठ्यचर्या का प्रस्ताव रखा जो हाथ के काम की कुशलता को ज्ञान से ज्यादा ऊँचे लक्ष्य का स्थान दे रही थी। उन्हें आशा थी कि हाथ के काम के सामूहिकीकरण बढ़ाने वाले प्रभाव की मदद से ज्ञान के अहंकारवर्धक असर को कमज़ोर किया जा सकता है। गाँधी के आत्मनिर्भर समुदाय के आदर्श-लोक के संदर्भ में देखें तो उनकी नई तालीम की प्रस्तावना एक मानवतावादी और परोपकारी राष्ट्रत्व को विकसित करने का ज़रिया सुझाती है। वह भारत के ऐसे समाज बनने के सपने से जुड़ी हुई दिखती है जहाँ किसी को विदेशी नहीं माना जाएगा।

अगर हम भारत से थोड़ा हटकर देखें तो रसेल, नील और बाद में होल्ट ने आधुनिक शिक्षा व्यवस्थाओं की आलोचना की है और मन की शांति एवं सांसारिक शांति के परिप्रेक्ष्य में कुछ आशाजनक विकल्प सुझाए हैं। इनमें से हरेक ने आधुनिक औद्योगीकीकृत समाजों में शिक्षा की प्रतियोगी महानता पर जोर देने वाली भूमिका को विनाशकारी रूप में देखा। इन विभाजक प्रभावों को खत्म करने के लिए उन्होंने मानवतावादी पाठ्यचर्या और विविध बौद्धिक संसाधनों से निकाले गए कार्यों का प्रस्ताव रखा। रसेल ने शिक्षा को शांति का जरिया बनाने के विवेकशील तरीके सुझाए जिनमें विदेशियों द्वारा राष्ट्रीय इतिहास को अनिवार्य रूप से पढ़ाए जाने जैसी युक्तियाँ शामिल थीं। नील ने एक ऐसे संस्थागत माहौल की वकालत की जिससे बच्चों के प्रतिबंधी पालन-पोषण के दौरान कुचली गई प्रच्छन्न ऊर्जा के मोचन का मौका मिल सके। होल्ट के लिए अमेरिका में शिक्षा की असफलता आधुनिकता की एक व्यापक संस्थागत विफलता का सूचक बनी जिससे यह गहरी जरूरत उभरी कि घर का एक शैक्षिक स्थान के रूप में पुनःसृजन हो। विचारकों और शिक्षा का काम करने वालों के महत्त्वपूर्ण आलोचक समुदाय के सदस्यों की तरह देखे जाने वाले टैगोर, गाँधी, रसेल, नील ने समाजीकरण को औपचारिक एवं

संस्थायी शिक्षा से अलग करके देखने की जरूरत की तरफ इशारा किया और यह पहचानने के लिए कहा कि दोनों तब तक पृथक रहेंगे जब तक संस्थायी शिक्षा को हम एक ज्यादा समावेशी भूमिका नहीं देंगे।[1]

आम बोलचाल के शब्दों में शिक्षा को एक ऐसी अवधारणा की तरह लिया जाता है जिसमें बच्चे के सीखने के सभी स्रोत शामिल होते हैं, जैसे कि पड़ोस, समुदाय, उसके धार्मिक स्थल और स्कूल। इस विस्तृत प्रचलन में शिक्षा अनुभव से मिलने वाली हरेक चीज़ को आत्मसात करने का पर्याय बन जाती है। शिक्षा का यह सर्वव्यापी रूप उस फायदे को पहचान पाने में असमर्थ हो जाता है जो स्कूल को एक ऐसी संस्थागत जगह के रूप में मिल सकता है जहाँ बच्चे और अध्यापक संसार के ज्ञान से जूझ पाएँ और व्यावहारिक परिणामों के फंदे में फँसे बिना उस पर प्रश्न उठा सकें। घर पर तो बच्चे की जिंदगी बिल्कुल इसी फंदे में फँसी रहती है। परिवार को एक संस्था के रूप में परिभाषित करने वाले रिश्तों के बंधन यह सुनिश्चित कर देते हैं कि बच्चा अपने घर के यथार्थ को एकमात्र संभव यथार्थ मान कर जिए। अपने समुदाय के सदस्यों (और अन्य समुदाय के लोगों) के प्रति व्यवहार भी एक भावनात्मक अनिवार्यता से साकार होता है जो किसी भी परिवर्तन या शंका की आज्ञा नहीं देती और इंसान के कृत्यों के व्यावहारिक परिणामों को काफी महत्त्वपूर्ण बना देती है। आधुनिक इलैक्ट्रॉनिक मीडिया, खासकर टेलीविजन, बच्चों को विचारों और भावनाओं के आदान-प्रदान के वास्तविक मौके कम ही देता है, भले ही सैद्धांतिक रूप से इसकी संभावना महसूस की जाती हो। छवियों और संदेशों का तकनीकी कौशलों से बना तंत्र अपनी एकछत्र जगह बना लेता है जिसका खुद का एक अनोखा भावनात्मक बल होता है। सिद्धांत में ही सही, केवल स्कूल ही ऐसे संदर्भ में संसार से जूझ पाने की संभावना दिखाता है जो व्यावहारिक और तात्कालीन परिणामों से मुक्त हो। बच्चे के दृष्टिकोण से देखें तो सीखने में विफल रहने के परिणाम तात्कालिक या व्यावहारिक हो सकते हैं जैसे कि किसी प्रकार की सजा मिलना, लेकिन सीखने में सफलता के परिणाम तात्कालिक नहीं हो सकते। स्कूल का मूल लक्ष्य होता है कि वह बच्चे को संसार से परिचित कराने के प्रयास में हरेक चीज़ से संबंध

बनाए और उससे जूझे। स्कूल में दिया जाने वाला ज्ञान वैध होता है और उसका प्रतिरोध कम ही होता है क्योंकि वह बिल्कुल संदर्भमुक्त होता है। उसको संदर्भ देने का काम अध्यापक पर छोड़ दिया जाता है। यह मान लिया जाता है कि ज्ञान को सांदर्भिक बना देने से बच्चा बेहतर ढंग से समझ जाएगा। दूसरे शब्दों में, स्कूल का लक्ष्य होता है बच्चे को एक सामान्यीकृत ज्ञान अर्जित करने में सक्षम बनाना; उसको प्रासंगिक बनाना तो महज एक शिक्षाशास्त्रीय औज़ार है जिससे लक्ष्य की प्राप्ति में मदद मिल सकती है। यह ज्ञान उससे बहुत भिन्न होता है जो बच्चा समाजीकरण के दौरान परिवार और समुदाय से अर्जित करता है। वह ज्ञान बहुत ज्यादा प्रासंगिक होता है और इसी कारण से उसके आत्मसातीकरण में भावनात्मक गहराई और गुणवत्ता होती है। ज्ञान के स्रोत के रूप में मीडिया का मामला काफी अस्पष्ट है, लेकिन उसका तरीका भी संदर्भ-केंद्रित है; वह भी इतना ज़्यादा कि देश या संसार के अलग-अलग हिस्सों में होने वाली समान घटनाएँ भिन्न और असंबंधित लगने लगती हैं। ज्ञान के इन अन्य स्रोतों के मुकाबले स्कूल की यह एक निराली भूमिका होती है–भले वह उसे न पहचाने–कि वह हर तरह के ज्ञान पर विवेकशील चिंतन और परीक्षण के अवसर दे सकता है। लोकतांत्रिक आदर्शों से प्रेरित सामाजिक व्यवस्था में स्कूल को परिवार और समुदाय के विस्तार के रूप में या बच्चे को शिक्षित करने वाली कई संस्थाओं में से मात्र एक संस्था की तरह नहीं देखा जा सकता। एक ओर जहाँ परिवार, समुदाय और धार्मिक संस्थानों का काम ऐसा समाजीकरण करने का है जिसका लक्ष्य मुख्यतः मूल्यों और आस्थाओं में निरंतरता बनाना है, वहीं दूसरी तरफ स्कूल की एक शैक्षिक भूमिका है जिसमें अपने समाजीकरण समेत हरेक चीज़ के आलोचनात्मक परीक्षण की संभावना होती है। चिंतनशीलता को प्रोत्साहित करने का यह व्यापक लक्ष्य ही स्कूल को सामाजिक परिवर्तन का एक साधन बनाता है।

यह एक आम और स्वाभाविक धारणा है कि शांति के प्रचलन के लिए पारंपरिक शिक्षा के मुकाबले प्रगतिवादी शैक्षिक विचार बेहतर संभावनाएँ जगाते हैं। यह धारणा इस बात पर आधारित है कि प्रगतिवादी शिक्षाशास्त्रीय तरीके व्यक्तिगत स्वायत्तता और चिंतन के कौशल के

विकास पर बल देते हैं। यह उम्मीद की जाती है कि ज्ञान और अनुभव पर विश्लेषणात्मक तरीके से चिंतन करने की बच्चों की क्षमता उन्हें अपने समाजीकरण का आलोचनात्मक परीक्षण करने में सक्षम बनाएगी जिससे समाजीकरण की प्रजननशील भूमिका का निवारण किया जा सके। इस तर्क में काफी आकर्षण है, और यह कोई आश्चर्य की बात नहीं कि इसने सुधार की खातिर विचारों और बल की चाह के लिए शिक्षा की कई राष्ट्रीय व्यवस्थाओं को इस तरह प्रेरित किया है कि वे प्रारंभिक समाजीकरण के कुछ पहलुओं के विरुद्ध काम करने के लिए स्कूलों और शिक्षकों को समर्थ बना पाएँ जैसे कि जैंडर-संबंधों के संदर्भ में। प्रगतिवादी शिक्षाशास्त्र एक अस्तित्वपरक अर्थ में व्यक्ति को जवाबदेह बनाते हुए उसकी स्वायत्तता पर बल देता है। प्रगतिवादी शिक्षा के विमर्श में, एक शिक्षार्थी शिक्षा द्वारा प्रसारित ज्ञान को न केवल आत्मसात करता है बल्कि अपरिचित समस्याओं और बदलती हुई अस्थिर परिस्थितियों के बीच में विवेकपूर्ण तरीके से उस ज्ञान का इस्तेमाल भी सीखता है। शिक्षाशास्त्र में प्रगतिवाद अपने मूल रूप में व्यक्तिवादी है और मानकीय भी, हालाँकि वह 'आदर्श' बच्चे की धारणा को नकारता-सा प्रतीत होता है।

बीसवीं शताब्दी में जब व्यक्तिवाद और मानकीयता के परिप्रेक्ष्य उभरे और उन्होंने शिक्षा-व्यवस्थाओं को प्रभावित किया, खासकर विकसित कहे जाने वाले देशों की व्यवस्थाओं को। अगर हम इस समय की ऐतिहासिक समझ के साथ सतह के नीचे देखें तो हमें दोनों परिप्रेक्ष्यों में 'सफल शिक्षार्थी' की अन्तर्निहित धारणा मिलेगी। जैसा कि पॉपकेवित्स ने सुझाया है, यह धारणा स्वायत्त एवं चिंतनशील शिक्षार्थी को विशेषाधिकार देती है। उस शिक्षार्थी की वयैक्तिकता किसी भी ऐसी अस्मिता से ज्यादा महत्त्वपूर्ण हो जाती है जो एक भावनात्मक बंधन के जरिए क्षेत्रीय, धार्मिक, भाषायी या अन्य किसी भी तरह के समुदाय के भान से जुड़ी रहती हैं। एक प्रगतिवादी व्यवस्था का सफल विद्यार्थी जिस तरह का समाजीकरण आत्मसात करता है वह कई बार उन दूसरों के मुकाबले श्रेष्ठता की भावना भी दे देता है जिनकी सफलता निचले स्तर की लगती है क्योंकि उनकी शिक्षा उन्हें पूरी तरह से स्वायत्त व्यक्ति या

अनिश्चित परिस्थितियों वाले संसार में अपनी समस्याएँ सुलझाने में सक्षम नहीं बना पाती।[2] प्रगतिवादी शिक्षा व्यवस्था के सफल विद्यार्थी प्राय: जिस सामाजिक वर्ग से आते हैं वह भी दूसरों के मुकाबले कहीं ज्यादा ऊँचा होता है। आखिर प्रगतिवादी शिक्षण पद्धतियाँ महँगी होती हैं; एक समाज के अंदर वह सभी प्रवेशकों को एक ही मात्रा में उपलब्ध नहीं हो पातीं, और राष्ट्रों में वह मुख्यत: धनी देशों तक ही सीमित हो गई हैं।

ये आलोचनात्मक टिप्पणियाँ यह सुझाने के लिए नहीं हैं कि विकसित देशों की प्रगतिवादी शिक्षा व्यवस्थाओं की उपलब्धियों से सीखने के लिए कुछ नहीं है। लेकिन, हमें आधुनिक शिक्षा के सिद्धांत के उस ऐतिहासिक चरित्र पर ध्यान देने की जरूरत है जो आधुनिक लोकतंत्रों के समतावादी लक्ष्यों के साथ एक सुगम अनुकूलता बैठाने में कम से कम अभी तक असफल ही रहा है। प्रश्न उठता है कि विकसित दुनिया का 'प्रगतिवादी' रूप से शिक्षित नागरिक दुनिया के राष्ट्रों में दिखने वाली तीखी विषमता से विचलित क्यों नहीं होता? इस प्रश्न को आगे बढ़ाया जा सकता है कि जो राष्ट्र अपने ख्यातिप्राप्त शैक्षिक संस्थानों और विश्वविद्यालयों की तरफ सारी दुनिया के युवाओं को आकर्षित कर लेता है, वही दूसरे राष्ट्रों में रहने वालों पर गोलाबारी करता है, जिससे अभावग्रस्तता और दुर्गति पैदा होती है, जबकि उसकी जनता का बड़ा हिस्सा या तो इस सब पर ध्यान नहीं देता या ऐसी गतिविधियों का समर्थन करता है। जाहिर है कि उस देश की बहुत ही विकसित शिक्षा व्यवस्था बुरी तरह से विफल हुई है या उसने अपना नैतिक मूल्य खो दिया है। दूसरों से जुड़ पाने और उनका दर्द महसूस कर पाने की क्षमता के विकास में वह असफल हो गई है। यह कहते हुए प्रगतिवादी शिक्षाशास्त्र की मदद से हुई भौतिक और सामाजिक जीवन की उपलब्धियों को नकारा नहीं जा रहा है। शांति के दृष्टिकोण से देखें तो शिक्षाशास्त्रीय आधुनिकतावाद भी ज्ञान के वर्चस्ववादी उपयोग का उतना ही बड़ा परिणाम है जितना कि परमाणु बम का आविष्कार। जब हम शिक्षा के आधुनिक सिद्धांतों की उपयोगिता का शांति की नज़र से आकलन करते हैं तो उन सिद्धांतों के ऐतिहासिक चरित्र की उपेक्षा नहीं कर सकते। इसी तरह, यह कहना भी गलत होगा कि भारत में शैक्षिक सुधार के लिए प्रगतिवादी शिक्षाशास्त्र

जरूरी नहीं है या हमें उसको लेकर प्रयोग नहीं करने चाहिए क्योंकि वे दुनिया में किसी और जगह विफल हो गए हैं। दरअसल सच इसका उलट है। हमारी शिक्षा व्यवस्था में बच्चा एक उत्पीड़ित इकाई है, और यह बिना किसी हिचक के कहा जा सकता है कि अपने वर्तमान स्वरूप में शिक्षा व्यवस्था लाखों की सामर्थ्य को कुचलती है। यह पाकिस्तान की शिक्षा व्यवस्था पर और भी ज्यादा सही बैठता है, जो हमारी व्यवस्था के समान ही है सिवाय शुरुआती स्कूली वर्षों से ही धार्मिक कट्टरता के खुले आम प्रचार के।

दोनों देशों के लिए, शैक्षिक सुधार का मतलब होगा शिक्षण के प्रगतिवादी तरीकों की अच्छी-खासी मात्रा में मौजूदगी और पाठ्यचर्या का सृजनात्मक आधारों के हिसाब से पुनर्गठन, लेकिन ये साधन पर्याप्त नहीं हैं। प्रगतिवादी शिक्षण सिद्धांतों और उनसे जुड़ी पाठ्यचर्या की सैद्धांतिक मीमांसा के आलोचनात्मक पूनर्मूल्यांकन की जरूरत होगी अगर भारतीय और पाकिस्तानी व्यवस्थाओं को आदर्शवाद के फंदे से बचना है। इस तरह का फंदा बढ़ता जा रहा है जिससे बच्चों का बड़ा हिस्सा बेरोज़गारी और वैचारिक निर्बलता के गड्ढे में जा रहा है और विध्वंसकारी विचारधाराओं के झाँसे में आ रहा है। बच्चों की जनसंख्या का एक छोटा हिस्सा ही गुणवत्ता वाली शिक्षा और उसकी ठीक-ठाक मात्रा प्राप्त कर पाता है। बाकी सभी 'हाशिये पर' कहे जानेवाले विशाल निचले वर्ग में ठूँस दिए जाते हैं, जबकि वास्तविकता में ऐसे बच्चे बहुमत में हैं। दक्षिण एशिया के कई हिस्सों में वे राष्ट्र के भीतर या किसी दूसरे राष्ट्र से चल रहे युद्ध की सेना में भर्ती होने के लिए बड़े होते हैं। नाममात्र की साक्षरता और कुपोषण से ग्रस्त, लेकिन एक लक्ष्य की खातिर भर्ती होने को उपलब्ध वे नागरिक समाज के लिए इतना बड़ा खतरा नहीं बनते जितना दक्षिण एशिया के देशों की स्वतंत्र राज्यों के रूप में अस्मिता के लिए बनते हैं।

सार्वजनिक शिक्षा के समर्थक यह भूल जाते हैं कि शिक्षा की गुणवत्ता को सुधारना भी उतना ही महत्त्वपूर्ण है जितना उसकी उपलब्धता, लेकिन गुणवत्ता को परिभाषित कर पाना बहुत मुश्किल है, खासकर जब हम शांति की जरूरत को संबोधित करना चाहते हैं। शिक्षित लोगों की

दक्षता या जीने के लाभप्रद तरीके अर्जित करने की उनकी क्षमता के अर्थों में समग्र रूप से देखे जाने पर शिक्षा की गुणवत्ता किसी भी स्तर पर शांति की संभावना नहीं दिखाती–न इंसान के अंदर, न ही समाज के विभिन्न हिस्सों के बीच और न ही राष्ट्रों के बीच। जब शिक्षा को अस्मिताओं के निर्माण और आर्थिक विकास के सिर्फ एक यंत्र की तरह देखा जाता है तो निश्चय ही वह असहिष्णुता को बढ़ाने का काम करती है। वह एक ज़मीनी 'यहाँ' के प्रति स्पष्ट निष्ठा रखने के लिए एक कल्पित 'हम' की रचना के जरिए प्रोत्साहित करती है। सामुदायिक स्मृति में 'यहाँ' के आशय के लिए दूसरी सामूहिक स्मृतियों द्वारा पेश किए गए प्रतिद्वन्द्वी दावे नहीं होते जिनमें उसी 'यहाँ' को वैध मानते हुए एक जुड़ाव का आशय हो। शिक्षा के सामने हर सामूहिक स्मृति के विशिष्ट दावे पर प्रश्न उठाने का जिम्मा है और प्रश्न उठा कर सामूहिक अस्मिताओं के बंधनों को थोड़ा बहुत कमज़ोर करने का भी। शिक्षा ऐसा कर सकती है कि नहीं, यह उसकी गुणवत्ता को जाँचने का उपयोगी मापक हो सकता है। शिक्षा जब बच्चे को प्रतिद्वन्द्वी स्मृतियों की वैधता स्वीकारने में सक्षम बनाती है, केवल तभी कहा जा सकता है कि उसमें शांति को बढ़ावा देने की क्षमता है। इससे यह आशय कतई नहीं है कि राष्ट्रीय अस्मिता के निर्माण के लिए शिक्षा का उपयोग नहीं किया जाना चाहिए। कहा यह जा रहा है कि अस्मिता जितनी प्रोत्साहन का स्रोत होती है उतनी ही वस्तुपरक चिंतन का विषय हो सकती है।

यह स्पष्ट है कि अगर शिक्षा को शांति के लिए काम करना है तो उसे अन्याय और अपवर्जन के यंत्र की तरह काम करना छोड़ना होगा। शिक्षा के प्रारूप और उसकी विषयवस्तु दोनों में ही सुधार की जरूरत है, जिससे कि वह एक समावेशी रूप में लोगों तक पहुँच पाए। एक हद तक, दोनों तरह के सुधार आपस में जुड़े हुए हैं लेकिन विषयवस्तु में बदलाव लाना बहुत चुनौतीपूर्ण है। एक समय आएगा जब दक्षिण एशिया के तकरीबन सभी बच्चे अपना पूरा बचपन स्कूल में बिताएँगे, जैसा कि विकसित कहे जाने वाले देशों समेत दुनिया के कई अन्य देशों में हो रहा है। यह प्रश्न महत्त्वपूर्ण है कि वह दिन कब आएगा, लेकिन बात यहाँ कुछ और हो रही है। वे स्कूल में सीखेंगे क्या? शांति के परिप्रेक्ष्य में

यह प्रश्न ज्यादा प्रासंगिक है। वे ऐसी चीजें सीखेंगे जिनसे उनकी अस्मिता आक्रामक और अनम्य होगी या वे ऐसी विचारशील अस्मिता का विकास कर पाएँगे जो अपने से अलग लोगों को दुश्मन न मानने के विचार को स्वीकार कर पाएगी। दक्षिण एशिया का भविष्य इस बात पर निर्भर करता है कि पाठ्यचर्या को विकसित करने वाले लोग इस प्रश्न पर कैसी प्रतिक्रिया देते हैं और दोनों में से कौन-सा विकल्प चुनते हैं। अगर वे पहला विकल्प चुनते हैं तो शिक्षा भेदों को ही दिखाती रहेगी और शत्रुता को बढ़ावा देगी। दक्षिण एशिया के देश अभी यही कर रहे हैं, भले ही ऐसा करने की तीव्रता में अंतर है। पाकिस्तानी बच्चों को अतीत से प्रेरणा लेने के लिए खुले रूप से प्रोत्साहित किया जाता है जिससे वे एक विशिष्ट स्व-अस्मिता विकसित कर पाएँ। अतीत का जो ज्ञान उन्हें दिया जाता है वह उस तरह की उत्प्रेक्षा है जो सिर्फ खास अर्थों को समझने की आज्ञा देता है और इन अर्थों को इतिहास के साथ कई मिथक मिला-जुला कर डिज़ाइन किया जाता है। श्रीलंका में शिक्षा की अस्मिता-निर्माण की भूमिका ने राष्ट्रीय चेतना को हिंसात्मक रूप से आविष्ट दो भागों में बाँट दिया है। नेपाल और बांग्लादेश में भी राष्ट्रीय अस्मिता के विकास में शिक्षा की भूमिका विरोधाभासी रही है। राष्ट्रीय एकजुटता को बढ़ावा देने के प्रयास में औपचारिक शिक्षा ने सामाजिक सम्बद्धता को कमज़ोर कर दिया है। भारत में भी यही हुआ है। हमारी विभाजित शिक्षा-व्यवस्था शांति के लिए न्याय के आधार वाले समाज के संवैधानिक सपने को साकार करने के मूल्यों की कीमत पर परीक्षोन्मुखी सफलता की इच्छा रखना सिखाती है।

आज का भारत ग्रामीण-शहरी, गरीब-अमीर और जाति एवं समुदाय के अर्थों में शायद उससे ज्यादा बँटा हुआ है जितना आज़ादी के समय बँटा हुआ था। कुछ लोग यह तर्क देते हैं कि आर्थिक विकास के साथ गैरबराबरी और अस्मिताओं का तीखापन हमेशा बढ़ता है। इस तर्क में जो भी दम हो, भारत के अधिकतर ग्रामीण और बहुत से शहरी भागों में शांति कानून और व्यवस्था के असभ्य औजारों पर बुरे ढंग से निर्भर होकर रह गई है। इस तरह की शांति ज्यादा देर तक नहीं टिकती। न्याय की किसी भी उम्मीद के खत्म होने से जो आशंकाएँ भड़कती हैं वे हिंसा को बढ़ाती

हैं और गैर-समंजनकारी अस्मिताओं को मजबूत करती हैं जिनमें से कुछ का बहुत ही संकीर्ण और साम्प्रदायिक झुकाव होता है। दूसरों का घेरा देखने में बड़ा लगता है, पर वे भी कोई कम अनम्य या दूसरों के प्रति नकारात्मक भावनाओं को कम बढ़ावा देने वाली नहीं होतीं। एक राष्ट्रवादी अस्मिता जो दूसरे राष्ट्रों के प्रति नफरत पर निर्भर करती है, वह जाति या सामुदायिक अस्मिताओं से बड़ी और व्यापक लग सकती है, लेकिन मन में हिंसा और आक्रामकता बिठाने में उसकी भूमिका बराबर ही है।

दक्षिण एशियाई देशों में, प्रिंट संस्कृति और स्कूली शिक्षा की मदद से बनी अस्मिताएँ बहुत ही संकीर्ण हैं। वे आम जिंदगी से जुड़ी आत्म-जागरूकता के विभिन्न रूपों को जगह नहीं दे सकतीं। औपचारिक शिक्षा रोजमर्रा के अनुभवों की उस जीवंतता और व्यापकता को नकारती है जिसमें हरेक इंसान की बहु-अस्मिताएँ निरंतर नए रूप लेती रहती हैं। आम जिंदगी के दृष्टिकोण से देखने पर राष्ट्रीय और अन्य क्षेत्रीय, पार-राष्ट्रीय और अधो-राष्ट्रीय अस्मिताओं में कोई विरोध नहीं दिखता। अगर पाठ्यचर्या के कुछ क्षेत्रों में स्कूल ढील दे दें जिनमें बच्चे की विशिष्ट राष्ट्रीय अस्मिता को आशंकित किए बगैर एक साँझी क्षेत्रीय अस्मिता भी विकसित हो सके तो शांति को एक दीर्घकालिक संभावना मिलेगी। पाठ्यचर्या के ये क्षेत्र साफ पानी और हवा जैसी मूलभूत जरूरतों पर आधारित हो सकते हैं; और कला जैसे अनुभव पर भी जो संवेदनशक्ति के प्रशिक्षण का वादा करते हैं। दूसरे क्षेत्रों, जैसे भाषा, साहित्य एवं अतीत में भी विभिन्न प्रकार के 'अलगपन' की समंजनकारी जागरूकता पैदा करने के लिए कदम उठाए जा सकते हैं, बगैर शिक्षा की राष्ट्र-निर्माण की वैध भूमिका में बाधा डाले। दक्षिण एशिया एक दिन मनोवैज्ञानिक और मौलिक सच्चाई बन सकता है अगर शिक्षित मन के गिने-चुने कोनों में उसके बीज़ बोए जाएँ और उन्हें पाला-पोसा जाए।

हम दक्षिण एशिया की बात आज इस तरह करते हैं जैसे उसका कोई अस्तित्व हो जबकि एक भौगोलिक यथार्थ के अलावा उसमें किसी मनोवैज्ञानिक सच्चाई की वाकई कोई जगह नहीं है। मनोवैज्ञानिक सच्चाई से मेरा आशय ऐसी दुनिया से है जिससे फर्क पड़ता है। एक क्षेत्रीय अस्मिता को वास्तविकता बनाने के लिए ज़रूरी है कि राष्ट्रीय अस्मिताएँ

सुरक्षित महसूस करें। शिक्षा और स्वास्थ्य जैसे मुद्दों को लेकर पार-राष्ट्रीय सहयोग के सतही स्तर पर भी दक्षिण एशियाई क्षेत्रीय अस्मिता की धीमी प्रगति सुझाती है कि राष्ट्रीय अस्मिताएँ अभी भी पर्याप्त रूप से सुरक्षित नहीं हैं। अंतर्राष्ट्रीय सीमाओं के सांकेतिक और परिचालक मूल्य इस बात पर टिके हुए हैं कि वे सीमा के अंदर रहने वालों को मनोवैज्ञानिक सुरक्षा का आभास देते हैं। कुछ तरह के शांति विमर्शों में सीमाएँ अक्सर बाधाओं की तरह पेश आती हैं। स्थायी सीमा के विलयन पर बहुत हर्ष व्यक्त किया जाता है और उसे शांति की जीत की तरह देखा जाता है। बर्लिन की दीवार का गिरना आज भी एक प्रशंसनीय घटना की तरह देखा जा रहा है जिसमें आँसू, मुस्कुराहटें और छोटे-छोटे झंडे साथ थे। सीमाहीन अतीत की स्मृति सीमाहीन भविष्य की मायावी कल्पना को जिंदा बनाए रहती है। भारत-पाक संदर्भ में, यह विश्वास रखे हुए भारतीय असंख्य हैं कि ऐसी कल्पना को पालना सही है और दक्षिण एशिया में शांति लाने के लिए वह एक जरूरी युक्ति है। उन्हें इस बात पर मनन करने की जरूरत है कि एक बार बन जाने के बाद सीमाओं का लोगों को सुरक्षित महसूस कराने में एक सकारात्मक मूल्य होता है, और जिज्ञासा को बनाए रखने में भी उनकी भूमिका हो सकती है। दक्षिण एशियाई क्षेत्र में सीमाओं का इस्तेमाल अलगाव और दूसरी तरफ से हो रही चीजों के प्रति निरर्थकता का भाव विकसित करने के लिए किया गया है। बच्चों के समाजीकरण में महत्त्वपूर्ण भूमिका निभाने वाली शिक्षा व्यवस्थाओं ने बच्चों को यह सिखाने में बहुत ताकत लगाई है कि वे सीमाओं को अस्मिता की परिभाषा करने वाले सिद्धांतों की तरह देखें। राजनीतिक सीमाओं के कम उम्र में दिए गए परिचय के कारण बच्चे सीमाओं को मानवीय कृति न मान कर प्राकृतिक मानने लगते हैं। जब तक वे इतने बड़े होते हैं कि नक्शे बनाने की प्रक्रिया को समझ पाएँ—और ज्यादातर बच्चे तो यह बिल्कुल ही नहीं सीख पाते हैं—यह विचार उनके दिमाग पर बहुत ही भावनात्मक रूप से अंकित हो जाता है कि सीमाएँ प्राकृतिक स्थिति को दर्शाती हैं। यथार्थ की चेतना को मिटाए बिना प्रेरित और प्रोत्साहित करने में समर्थ अस्मिता के विकास का एक बड़ा अवसर नष्ट हो जाता है। यह एक बड़ी क्षति होती है।

आज जब हम चाहते हैं कि दक्षिण एशिया में आत्मविश्वास और शांति आए, यह सामूहिक अस्मिताओं के निष्ठुर राजनीतिकरण और जागरूकता के क्षय का समय है। दक्षिण एशिया समेत संसार के कई टकराव ग्रस्त भागों में चल रहा अस्मिता का संघर्ष प्रायः अनसुलझे मुद्दों के इतिहास को छुपाता है। उनके घाव गहरे होते जाते हैं जबकि दुनिया का जीवन चलता रहता है; वे ऐसे टापू की तरह बने रहते हैं जो उदासीनता और भ्रान्त अनुभूतियों के महासागर से घिरा होता है। इसकी उलट अनुभूति, कि अस्मिता ही टकरावों की जड़ है, और इसीलिए उसको थोड़ा हल्का करने की जरूरत है, में भी समस्या है, खासकर बेचेहरा आधुनिकता के संदर्भ में जो वैश्विक सूचनातंत्र और बाजारों के झंडे तले अपनी चरम सीमा पर पहुँच रही है। शांति को ऐसी अस्मिता की जरूरत होती है जो कई स्रोतों से फले-फूले, केवल एक से नहीं। आधुनिकता ने ऐसे कई स्रोतों को सुखा दिया है और ऐसा एक स्रोत जिसे उसने प्राथमिकता दी थी अब सूख रहा है। मैं जिस स्रोत की बात कर रहा हूँ वह है एक मनुष्य के पास मौजूद ज्ञान और कौशल जो आजीविका के साधन के अलावा कुछ अच्छा कर पाने की एक भावना भी देता है। हमारे समय के उन गिने-चुने अर्थशास्त्रियों में से एक उर्सूला ह्यूज़ हैं जिन्होंने व्यावसायिक अस्मिता के सामने प्रौद्योगिकी के विकास के कारण आनेवाली समस्याओं की प्रकृति और व्यापकता का अध्ययन किया है। उनके अनुसार नई उत्पादन प्रक्रियाएँ उस लंबी प्रक्रिया की पराकाष्ठा की सूचक हैं जिसके तहत मशीनों का परिष्करण हुआ। विकास की हरेक अगली लहर में इस प्रक्रिया ने लोगों को उनके कामों से विस्थापित किया है और उनके विशिष्टीकृत ज्ञान और कौशलों के भंडार को निरर्थक बना दिया है। ह्यूज़ हमें समझाती हैं कि आज के दौर में नई प्रौद्योगिकी उत्पादन, दफ्तर के काम, और खुद ज्ञान के सृजन के लिए जरूरी कई व्यक्तिगत योग्यताओं पर संपूर्ण कब्ज़ा करती जा रही है। प्रौद्योगिकी के विकास के इस चक्र में अधिकतर लोगों के पास व्यावसायिक अस्मिता विकसित करने के मौके ही नहीं हैं क्योंकि कोई भी ज्ञान और कौशल ज्यादा समय तक प्रासंगिक नहीं रह पाता। जो लोग मानते हैं कि यह प्रौद्योगिकी के विकास का अपरिहार्य परिणाम है, वे नई दुनिया को 'ज्ञान

समाज' बताते हैं जिसमें नया ज्ञान हर पल तेजी से विकसित हो रहा है और जिसमें इतनी क्रियाशीलता है कि वह नई सेवाओं के तहत रोज़गार बनाए रख पाए। इन में से कई नौकरियाँ अनियत या अस्थिर हैं, जिन्हें 'मौका-रहते' कामों की संज्ञा ठीक ही दी जाती है। इनकी जरूरत यांत्रिक उत्पादन और उन उद्योगों में पड़ती है जहाँ अभी भी मनुष्यों की जरूरत है, जैसे कि फोन पर ग्राहकों के प्रश्नों का उत्तर देना। कुछ लोगों को लगता है कि हम उस दिशा में बढ़ रहे हैं जिस की भविष्यवाणी मार्क्स ने की थी–एक ऐसे समय की ओर जब मनुष्यों के पास करने के लिए कोई भी श्रमसाध्य काम नहीं बचेगा। मार्क्स को लगा था कि अगर ऐसा समय समाजवादी व्यवस्था के तहत आएगा, तो मानव-जाति को अपनी बौद्धिक और सौंदर्यशास्त्रीय सामर्थ्य को पूरी तरह विकसित करने का मौका मिलेगा; पर यदि ऐसा समय पूँजीवादी व्यवस्था के तहत आया तो बेगानेपन का चरम और सामाजिक मूल्यों का पतन झेलना होगा।

भविष्यवाणी किसी भी तरह की हो वह इस मान्यता पर आधारित है कि यूरोपीय जागरण और आधुनिक विज्ञान एवं प्रौद्योगिकी का विकास मानव-जाति के लिए एक विश्वव्यापी पथ के प्रतीक की तरह है। विश्वव्यापी आधुनिकता की यूरोपीय धारणाएँ इस तरह की मान्यता के संरक्षण में डटी हुई हैं। काफी स्पष्ट है कि फ्रैंच लेखक फ्रैंको मौरियैक ने जिस तरह के मोहभंग की घोषणा की थी, वह आधुनिकता की विचारधारा को बेध नहीं पायी। ऐली वीसल के नाज़ी यातनागृह में बीते उसके बचपन के विवरण की भूमिका में मौरियैक ने उस सपने के अंत की तरफ इशारा किया था जिसे पाश्चात्य मानव ने अट्ठाहरवीं शताब्दी में देखा था। मौरियैक के अनुसार उस सपने की शुरुआत 1789 में हुई थी और वह 2 अगस्त 1914 तक जागरण की प्रगति और विज्ञान के आविष्कार के कारण प्रगाढ़ होता चला गया। मौरियैक का मत आज के संदर्भ में पचाना कठिन लगता है, जब विज्ञान को एक तरह का राजनैतिक औचित्य मिल गया है और वैज्ञानिक दृष्टिकोण में विश्वास रखना आधुनिक और उदार पंथ का एक मुख्य हिस्सा है जिस पर संसार के कई भागों की शांति की उम्मीद निर्भर प्रतीत होती है।[3]

भारत और पाकिस्तान में रहने वाले हम लोगों को यह मान लेना

चाहिए कि युद्ध की राजनीति और उसका समर्थन करने वाले सामाजिक मानस हमारे अपने बनाए हुए हैं, इसीलिए हम ही उनको बदल सकते हैं। निश्चय ही, परिस्थितियाँ आसान नहीं हैं, और आधुनिकता का भ्रम बहुत ही गहरा है। बिना किसी कारण के हिंसा भड़कना राजनैतिज्ञों और मीडिया की मदद से उन्माद-सा पैदा हो जाना अब एक आम बात हो गई है। इन मामलों में दोनों देशों में भयावह समानता है। पश्चिम द्वारा व्यक्त की जाने वाली शांति की चिंता यदि कभी किसी का मर्म छूने लगे तो उसे इस बात को याद कर लेना चाहिए कि दक्षिण एशिया हथियारों के महान पश्चिमी उत्पादकों का बिक्री का बड़ा ज़बरदस्त बाजार देता है। भारत और पाकिस्तान दोनों के पास अब परमाणु बम हैं। यह कोई आश्चर्य की बात नहीं है कि दक्षिण एशियाई राजनैतिज्ञ और प्रशासनिक अधिकारी एवं युद्ध विशेषज्ञ परमाणु युद्ध के परिणामों को अपनी दक्ष योजना के मापक की तरह देखते हैं। सच में, वह बड़ा ही करुणामयी ईश्वर होगा जो इन लोगों को माफ कर पाएगा अगर कभी परमाणु भिड़ंत हो ही गई। ऐसा ईश्वर हो या न हो, निश्चय ही भारत और पाकिस्तान के नागरिकों को यह पूछने का अधिकार है कि वे धूर्त व्यापारियों और नेताओं के प्यादे क्यों बनें। युद्ध का डर, उसका खतरा, बच्चों के लिए तनाव के स्रोत की तरह बढ़ता ही जाएगा। अगर लोकतंत्र भारत में फलता-फूलता है, और पाकिस्तान में जिंदा बच जाता है तो एक दिन ऐसा आना चाहिए जब दोनों देशों के युवा, मानसिक दबाव और नैराश्य पैदा करने के लिए राजनैतिज्ञों पर मुकदमा चलाएँगे। ऐसा दिन आने तक शांति तो रोजमर्रा के युद्ध का शिकार रहेगी, भड़काऊ शब्दों से लदी हुई, और उन नीतियों से भी जो इंसानी जीवन की मूलभूत वरीयताओं की उपेक्षा करती हैं। और अगर शांति युद्ध का केवल अल्पकालिक परिहार नहीं है—जो इस किताब का मुख्य तर्क है—तो शांति के लिए प्रत्याक्रमण रोजमर्रा की घटना बन जाना चाहिए।

टिप्पणियाँ

पाठ 1 : बिड़ला हाउस और राजघाट

1. महात्मा गांधी की हत्या के विषय पर आश्चर्यजनक रूप से सीमित साहित्य उपलब्ध है। तपन घोष की द *गाँधी मर्डर ट्रायल* (दिल्ली : एशिया पब्लिशिंग हाउस, 1975) एक पेचीदा कानूनी मामले के अध्ययन की व्यावहारिक कुंजी है। आशीष नन्दी के नाथूराम गोडसे के मनोविश्लेषण से बहुत समझ बनती है लेकिन गोडसे के लम्बे वक्तव्य की जगह कुछ और नहीं ले सकता, जिसे उसने खुद अदालत में पढ़ा था, *मेय इट प्लीज़ योर ऑनर* (दिल्ली : सूर्या, 1989) आशीष नंदी का लेख, *फाइनल एन्काउन्टर : द पॉलिटिक्स ऑफ द असैसिनेशन ऑफ गाँधी*, रॉबिन जैफरी संपादित (दिल्ली : स्टरलिंग, 1990) *रिबैलियन टू रिपब्लिक* में दिया गया है।
2. सुचेता महाजन की *इंडिपेंडेंस एण्ड पार्टिशन* (नई दिल्ली : सेज, 2000) विभाजन पर आधारित व्यापक साहित्य में हाल में ही जुड़ा है। मुशीरुल हसन की दो भागों वाली किताब *इंडिया पार्टिशन्ड* (नई दिल्ली : रोली, 1999) इस जटिल विषय पर एक आकर्षक शुरुआत है। इसके अलावा सी. एच. फिलिप्स और एम.डी. वेनराइट (लंदन : ऐलन एंड अनविन, 1970) द्वारा संपादित द *पार्टिशन ऑफ इंडिया* भी देखने लायक है।
3. मार्जरी साइक्स की *गाँधी : हिज़ गिफ्ट ऑफ द फाइट* (रसूलिया : फ्रैन्ड्स रूरल सेन्टर, 1981) उनके गाँधी और टैगोर के साथ बीते जीवन का विवरण है।
4. रवीन्द्रनाथ टैगोर का 'मानव धर्म' देखें।

पाठ 2 : लाहौर में कूड़ा

1. मेरा भारत–पाक विवाद का पिछला अध्ययन जो स्कूली पाठ्यपुस्तकों पर केंद्रित है उसका नाम 'मेरा देश, तुम्हारा देश' (नई दिल्ली : राजकमल, 2007) है।
2. 'हिन्द स्वराज' का एक समृद्ध टिप्पणियाँ लिये संस्करण जिसका एक लंबा और बहुत अच्छी जानकारी देने वाला परिचय है, कैम्ब्रिज युनिवर्सिटी प्रेस (एन्थॉनी परेल) द्वारा 1997 में प्रकाशित किया गया।
3. भारत–पाक विवाद के परिणामों के भविष्य दृश्य लेखों को मणिशंकर अय्यर ने *पाकिस्तान पेपर्स* (दिल्ली : साउथ एशिया बुक्स, 1994) में उभारा है।

पाठ 3 : अनुभूति में बसा इतिहास

1. भोपाल की बेग़म, आबिदा सुल्तान के जीवन का विवरण पढ़ने के लिए देखें मैमोयर्स ऑफ अ रिबेल प्रिंसिज़ (कराची : ओयूपी, 2004)।
2. मुशीरुल हसन की (संपादित) *कम्यूनल एण्ड पैन इस्लामिक ट्रेण्ड्स इन कलोनियल इंडिया* (दिल्ली : मनोहर, 1981) में एन.सी. सक्सेना ने *हिस्टोरियोग्राफी ऑफ कम्युनलिज़्म इन इंडिया* में भारत के विभाजन पर कई प्रतितथ्यात्मक स्पष्टीकरण प्रस्तुत किए हैं।

पाठ 4 : युद्ध बुरा क्यों लगे?

1. कृष्ण कुमार (दिल्ली : राजकमल, 2003) द्वारा संपादित संचयिता में भारत–पाक शांति से संबंधित रघुवीर सहाय की लघु–कथा, 'सीमा के पार का आदमी' और कुछ अन्य लेख एवं कविताएँ शामिल की गई हैं।
2. हमरा कुरैशी की *कश्मीर : द अनटोल्ड स्टोरी*, समकालीन कश्मीर के जीवन को चिह्नित करने वाली उग्रता का एक तीखा परिचय देती है। (नई दिल्ली : पेंगुइन, 2004)।
3. उर्वशी बुटालिया की *स्पीकिंग पीस* (लंदन : ज़ैड बुक्स, 2002) इस उग्रता पर महिलावादी परिप्रेक्ष्य देती है।

4. चिले के समाजशास्त्री एरियल डार्फमैन ने ए मैटलार्ट के साथ *हाउ टू रीड डोनॉल्ड डक* (न्यूयार्क : इंटरनैशनल जनरल, 1975) में वाल्ट डिज़्नी के कॉमिक्स में प्रतिबिम्बित अमेरिकी संस्कृति और मूल्यों का एक अनोखा अध्ययन किया था।

पाठ 5 : आकलन की समस्या

1. मुमताज़ शाह नवाज का द *हार्ट डिवाइडेड* मूलत : चालीस के दशक में लिखा गया था जो 1957 में पहली बार छपा। यह अनोखा और आत्मकथात्मक उपन्यास हाल ही में पेंगुइन बुक्स द्वारा छापा गया है। (नई दिल्ली : 2004)।
2. गाँधी के शैक्षिक प्रस्तावों का एस्टरहैल्ड का अध्ययन कृष्ण कुमार और जोआखिम एस्टरहैल्ड द्वारा संपादित *सोशल चेंज इन साउथ एशिया* (दिल्ली : ओरियंट लांगमैन, 2007) में पढ़ा जा सकता है।
3. मुशीरुल हसन, संपादित *इंडियाज़ पार्टीशन* (दिल्ली : ओयूपी 1994) में एम. मुजीब का द *पार्टीशन ऑफ इंडिया इन रैट्रोस्पैक्ट* में तीस के दशक के उत्तरार्ध का विवरण काफी अनोखा है।
4. तीस के दशक में मोहम्मद इक़बाल द्वारा इ.जे. थापसन को लिखे गए पत्रों को एस. हसन ने द *आइडिया ऑफ पाकिस्तान एण्ड इक़बाल* में संपादित किया है (पटना : खुदाबख़्श ओरियंटल पब्लिक लाइब्रेरी, 2003)।
5. यह अंग्रेज़ी के 'पैन्थियन' शब्द की हिन्दी है जो प्राचीन ग्रीस के देवी-देवताओं की मूर्तियों से सुसज्जित उपासना गठन था।
6. ज़माल मलिक ने अपनी किताब द *कलोनियलिज़्म ऑफ इस्लाम* (दिल्ली : मनोहर, 1996) में पाकिस्तान में आज़ादी-पश्चात राजनीति के लिए उपनिवेशवाद के निहितार्थों का विश्लेषण किया है।

पाठ 6 : कल्पनाशील आधुनिकता

1. उर्सूला एम. फ्रैंकलिन की द *रियल वर्ल्ड ऑफ टैक्नोलॉजी* (टोरंटो : अनन्सी प्रैस, 1990) में उनके मैस्से भाषण हैं। साथ ही, उर्सूला

ह्यूज़ नई सूचना तकनीक के सामाजिक व्यवस्था पर पड़ने वाले प्रभावों की एक महत्त्वपूर्ण विवरणकार हैं। उनकी किताब द *मेकिंग ऑफ ए साइबरटैरियेट* देखें (न्यूयार्क : मंथली रिव्यू प्रैस, 2003; खड़गपुर : कॉर्नरस्टोन पब्लिकेशंस, भारतीय संस्करण, 2004)।

2. रवीन्द्रनाथ टैगोर का निबंध 'सभ्यता एवं प्रगति' देखें।

पाठ 7 : युद्धरत अस्मिताओं के परे

1. रूसो, रसेल, ए.एस.नील, जे. कृष्णमूर्ति और जॉन हॉल्ट उन प्रगतिवादी विचारकों में से हैं जिनके विचार शांतिमुखी अधिगम का एक खाका प्रस्तुत करते हैं। रूसो की एमील 1760 में लिखी गई थी। उसका *ऐवरीमैन लाइब्रेरी* के संस्करण में पी.डे. जिमैक का बहुत अच्छा परिचय है। बर्टैण्ड रसेल की *एजुकेशन एण्ड सोशल आर्डर* अब रूटलैज संस्करण में उपलब्ध है। ए.एस. नील की *समरहिल स्कूल* का पुनरावृत्त संस्करण सेंट मार्तिन गिफ्फीन द्वारा 2005 में छापा गया है। कृष्णमूर्ति फाउंडेशन द्वारा प्रकाशित जे. कृष्णमूर्ति की *एजुकेशन एण्ड द सिगनिफिकैंस आफ लाइफ* एवं अन्य वार्तालाप उपलब्ध हैं। जॉन होल्ट की *हाउ चिन्ड्रैन लर्न* जो हाल ही में दोबारा छपी है (न्यूयार्क : परस्यूस, 1995) वह उनकी शिक्षा पर छपी कई प्रचलित किताबों में से एक है।
2. पॉपकेवीज़ के द *प्रोडक्शन ऑफ रीज़न एण्ड पावर* में आए प्रगतिशील शैक्षिक विचार की आलोचना टी. एस. पॉपकेवीज़ संपादित (न्यूयार्क : रूटलैज फाल्मर, 2001) *कल्चरल हिस्ट्री एण्ड एजुकेशन* में है।
3. फ्रैंकोइस मौरियैक का प्राक्कथन ऐली वीसल की *नाइट* में है (लंदन : पेंगुइन बुक्स, 1981)।

●●●